독자의 1초를 아껴주는 정성을 만나보세요!

세상이 아무리 바쁘게 돌아가더라도 책까지 아무렇게나 빨리 만들 수는 없습니다.

인스턴트 식품 같은 책보다 오래 익힌 술이나 장맛이 밴 책을 만들고 싶습니다.

땀 흘리며 일하는 당신을 위해 한 권 한 권 마음을 다해 만들겠습니다.

마지막 페이지에서 만날 새로운 당신을 위해 더 나은 길을 준비하겠습니다.

길벗 IT 도서 열람 서비스

도서 일부 또는 전체 콘텐츠를 확인하고 읽어볼 수 있습니다.
길벗만의 차별화된 독자 서비스를 만나보세요.

더북(TheBook) ▶ https://thebook.io

더북은 (주)도서출판 길벗에서 제공하는 IT 도서 열람 서비스입니다.

[KAITEISHIMPAN] ILLUST DE WAKARU DOCKER TO KUBERNETES by Kohei Tokunaga

Copyright © 2024 Nippon Telegraph and Telephone Corporation
All rights reserved.
Original Japanese edition published by Gijutsu-Hyoron Co., Ltd., Tokyo
This Korean language edition published by arrangement with Gijutsu-Hyoron Co., Ltd., Tokyo in care of Tuttle-Mori Agency, Inc., Tokyo, through Botong Agency, Seoul.

이 책의 한국어판 저작권은 Botong Agency를 통한 저작권자와의 독점 계약으로 길벗이 소유합니다.
신 저작권법에 의하여 한국 내에서 보호를 받는 저작물이므로 무단전재와 무단복제를 금합니다.

그림으로 이해하는 도커와 쿠버네티스

도커와 쿠버네티스, 쉽고 재미있게 시작하자!

초판 발행 · 2025년 11월 20일

지은이 · 토쿠나가 코헤이
옮긴이 · 서수환
발행인 · 이종원
발행처 · (주)도서출판 길벗
출판사 등록일 · 1990년 12월 24일
주소 · 서울시 마포구 월드컵로10길 56(서교동)
대표 전화 · 02)332-0931 | **팩스** · 02)323-0586
홈페이지 · www.gilbut.co.kr | **이메일** · gilbut@gilbut.co.kr

기획 및 책임 편집 · 이원휘(wh@gilbut.co.kr) | **편집** · 이원휘 | **디자인** · 장기준 | **제작** · 이준호, 손일순, 이진혁
마케팅 · 임태호, 전선하, 박민영, 서현정, 박성용 | **유통혁신** · 한준희 | **영업관리** · 김명자 | **독자지원** · 윤정아

교정교열 · 강민철 | **전산편집** · 박진희 | **출력·인쇄·제본** · 예림인쇄

▶ 이 책은 저작권법의 보호를 받는 저작물이므로 이 책에 실린 모든 내용, 디자인, 이미지, 편집 구성은
  허락 없이 복제하거나 다른 매체에 옮겨 실을 수 없습니다.
▶ 인공지능(AI) 기술 또는 시스템을 훈련하기 위해 이 책의 전체 내용은 물론 일부 문장도 사용하는 것을 금지합니다.
▶ 잘못 만든 책은 구입한 서점에서 바꿔 드립니다.

ISBN 979-11-407-1656-2 93000
(길벗 도서번호 080434)

정가 22,000원

독자의 1초를 아껴주는 정성 길벗출판사

(주)도서출판 길벗 | IT단행본&교재, 성인어학, 교과서, 수험서, 경제경영, 교양, 자녀교육, 취미실용 www.gilbut.co.kr
길벗스쿨 | 국어학습, 수학학습, 주니어어학, 어린이단행본, 학습단행본 www.gilbutschool.co.kr

페이스북 · www.facebook.com/gbitbook
예제소스 · https://github.com/gilbutITbook/080434

그림으로 이해하는 도커와 쿠버네티스

토쿠나가 코헤이 지음
서수환 옮김

지은이의 말

이 책은 컨테이너 기술을 처음 접하는 분을 대상으로 도커와 쿠버네티스의 기본적인 기능을 컨테이너 구조까지 함께 이해할 수 있도록 구성했습니다. 최신 동향(도커 24, 쿠버네티스 1.27, runc 1.1, 우분투 22.04)에 맞춰 각 도구의 기본 기능과 함께 컨테이너 구조, 도커와 쿠버네티스로 컨테이너를 만드는 방식을 살펴봅니다.

일반적으로 자세히 다루지 않는 컨테이너 런타임 소프트웨어도 이 책에서는 중심적으로 다루는 주제입니다. 컨테이너 런타임은 컨테이너 기술에서 가장 기초적인 소프트웨어입니다. 그 중요한 역할 중 하나는 컨테이너를 만들어서 관리하는 기능입니다. 도커와 쿠버네티스는 컨테이너를 작성하고 관리하는 컨테이너 런타임을 내부적으로 사용하고 컨테이너 기술의 기반 역할을 담당합니다. 컨테이너 런타임과 그 위에서 만드는 컨테이너 구조의 기본적인 지식을 익히면, 이 책에서 다루지 않는 도커와 쿠버네티스 기능뿐만 아니라 다른 컨테이너 관련 도구를 배울 때도 많은 도움이 될 것입니다.

또한 설명과 명령어만으로 이해하기 어려운 개념은 가급적 그림을 보면서 이해할 수 있도록 구성했습니다.

이 책이 여러분이 컨테이너 기술을 배우고 활용하는 데 도움이 되었으면 좋겠습니다.

감사의 말

이 책의 집필 초기부터 리뷰해주신 스다 아키히로 씨(NTT주식회사), 나카자와 다이스케 씨에게 정말로 감사합니다.

DOCKER AND KUBERNETES

이 책은 월간 소프트웨어 디자인의 특집 기사를 바탕으로 합니다. 원고 집필 의뢰를 받았을 때부터 도움을 주신 기술평론사 이케모토 코헤이 씨 덕분에 이 책을 집필할 수 있었습니다. 깊은 감사 말씀을 드립니다.

2024년 이른 봄

토쿠나가 코헤이

옮긴이의 말

요즘 개발 관련해서 'AI 시대'라는 말을 자주 들을 수 있습니다. 뉴스에서도, 발표회장에서도, 광고에서도 AI와 관련된 이야기가 흘러나옵니다. 그런데 이런 때에 컨테이너와 쿠버네티스라니 어쩐지 시대에 뒤처진 게 아닐까라고 느껴질 수도 있습니다.

> AI만 있으면 이런 것은 몰라도 다 잘되지 않을까?

하지만 사실은 오히려 AI 개발이 활발해질수록 컨테이너와 쿠버네티스 같은 기술이 더 필요해진다고 생각합니다.

AI는 사람과 다르게 지치지도 않고 계속해서 반복하면서 시도하는 일을 아주 잘합니다. 그런데 그런 시도를 할 때마다 환경이 달라지거나 기존에 구축한 환경이 망가진다면 어떨까요? 실행할 때마다 결과가 달라지는 문제를 해결하려고 하다 보면 원래 풀려고 했던 문제와 아주 멀어질지도 모릅니다. 이때 컨테이너가 있으면 언제 어디서나 똑같은 환경을 만들 수 있으므로 실패하더라도 다른 방법으로 똑같은 조건에서 다시 시도할 수 있습니다. '안전하게 실패할 수 있는 환경'이라는 멋진 시스템입니다.

그렇지만 규모가 점점 커진다면 이런 방식도 한계가 있습니다. 여러 사람과 팀에서 동시에 안정적으로 쓰려면 제대로 된 관리 방식이 필요합니다. 그런 역할을 맡는 기술이 쿠버네티스입니다. 수많은 컨테이너를 다루며 조율해서 이런 뒤에서 일어나는 일에는 신경 쓰지 않아도 문제없이 돌아가도록 만들어주는 도구입니다.

그냥 봐서는 AI와 컨테이너와 쿠버네티스는 전혀 상관없어 보일지도 모릅니다. 하지만 전 세계에서 사용하는 AI 서비스의 뒷면에는 그런 서비스를 안정적으로 가동하기 위해 쿠버네티스와 컨테이너와 같은 기술을 사용하고 있습니다. 이런 연결 고리를 발견하는 게 바로 컴퓨터 기술의 재미이고 배움의 즐거움입니다.

이 책은 그런 밑바탕이 되는 개념을 그림과 자세한 설명으로 이해하기 좋게 풀어줍니다. 여러분도 이 책을 통해서 최신 기술과 기존 기술의 연결점을 찾아보면서 최신 기술의 밑바탕이 되는 기술 지식을 익히고 즐길 수 있으면 좋겠습니다.

언제나 사랑하는 가족과 편집자분에게 감사하다는 말을 전합니다.

2025년 여름

서수환

도커 설치

이 책에서는 실제로 도커를 실행하면서 기능을 소개합니다. 따라서 실습을 따라 해보고 싶은데 아직 도커를 설치하지 않은 분을 위해 설치 방법도 간략하게 소개합니다.

리눅스 배포판(우분투[1], 데비안[2], 페도라[3] 등)을 사용하면서 도커를 설치하고 싶다면 get.docker.com이 제공하는 스크립트를 사용해 설치하는 것이 가장 간단한 방법입니다.

스크립트 이외의 설치 방법이나 윈도우[4], 맥OS[5] 설치 방법은 공식 사이트에 자세한 내용이 있으므로 참조하기 바랍니다.

여기에서는 우분투 22.04에서 get.docker.com 스크립트를 사용해서 도커를 설치하는 예제를 소개합니다. 이 스크립트를 실행하려면 루트 권한이 필요하고 실제 서비스 환경에서 해당 스크립트 사용은 추천하지 않으므로 주의하기 바랍니다.

```
$ curl -fsSL https://get.docker.com -o get-docker.sh
$ sudo sh get-docker.sh
도커 설치 시작
====================================================================

To run Docker as non-privileged user, consider setting up the
Docker daemon in rootless mode for your user:
```

---

[1] https://docs.docker.com/engine/install/ubuntu/#install-using-the-convenience-script
[2] https://docs.docker.com/engine/install/debian/#install-using-the-convenience-script
[3] https://docs.docker.com/engine/install/fedora/#install-using-the-convenience-script
[4] https://docs.docker.com/desktop/setup/install/windows-install
[5] https://docs.docker.com/desktop/setup/install/mac-install

```
dockerd-rootless-setuptool.sh install

Visit https://docs.docker.com/go/rootless/ to learn about rootless
mode.

To run the Docker daemon as a fully privileged service. but granting
non-root users access, refer to https://docs.docker.con/go/daemon-
access/

WARNING: Access to the remote API on a privileged Docker daemon is
equivalent to root access on the host. Refer to the 'Docker daemon
attack surface documentation for details: https://docs docker.com/go/
attack-surface/

================================================================
```

위의 예시처럼 스크립트를 다운로드해서 실행하면 도커가 설치됩니다. 설치한 도커는 docker 명령어를 사용해서 다룹니다.

루트 권한을 사용해서 도커를 실행하는 것이 일반적이지만[6] 스크립트 실행 결과에 출력된 내용처럼 도커를 루트 사용자가 아니더라도 실행하는 방법도 있습니다.[7]

---

[6] 사용자를 docker 그룹에 추가하면 docker 명령어를 루트 사용자가 아니더라도 사용할 수 있습니다. 하지만 이때 사용자는 도커를 통해서 호스트의 루트 권한을 획득할 수 있으므로 주의하기 바랍니다.

[7] https://docs.docker.com/engine/security/rootless

이 책의 활용법

DOCKER AND KUBERNETES

예제 파일 내려받기

책에서 사용하는 예제 코드는 길벗출판사 웹사이트에서 도서명으로 검색하여 내려 받거나 다음 있습니다.

- 길벗출판사 웹사이트: https://www.gilbut.co.kr
- 길벗출판사 깃허브: https://github.com/gilbutITbook/080434

예제 파일 구조

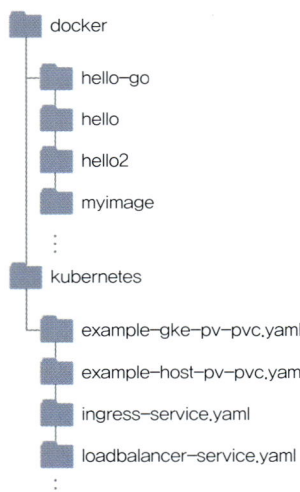

베타리딩 후기

DOCKER AND KUBERNETES

이 책은 복잡한 개념을 그림 중심으로 시각화해 쉽게 이해할 수 있도록 구성된 책입니다. 특히 쿠버네티스는 구성 요소 간의 관계가 복잡해 전체 구조를 이해하기 어려운데, 이 책은 그림 중심의 단계적 설명으로 풀어내어, 개념뿐 아니라 그 작동 원리까지 자연스럽게 이해할 수 있도록 돕습니다. 그리고 시스템 전체를 조망하는 시각을 제시해, 입문자는 물론 실무 경험이 적은 엔지니어에게도 실질적인 도움이 됩니다.

또한, 이 책은 컨테이너 구조, 이미지 빌드, 배포, 네트워크 구성 등의 핵심 개념을 실무 흐름에 맞춰 설명하고, 클러스터 운영, 서비스 노출, Pod 간 통신 등 클라우드 네이티브 시스템 구성을 위해 필요한 각 구성 요소에 대한 전반적인 이해가 가능하도록 하겨, 경험이 적은 실무자에게도 즉시 적용 가능한 지식을 제공합니다.

클라우드 네이티브 서비스를 구성할 때는 도커 및 쿠버네티스에 대한 개념 이해와 수많은 구성 요소 간의 관계, 그리고 용어를 명확히 구분하고 이해하는 것이 중요한데, 이 책은 각 구성 요소 간의 상호작용과 데이터 흐름을 시각적으로 표현함으로써 복잡한 구조를 '보면서' 이해할 수 있도록 돕습니다. 입문자와 클라우드 운영 경험이 많지 않은 엔지니어에게 추천합니다.

이대상_에스원, 클라우드 서비스 및 AI 에이전트 개발자

책을 읽으며 예전에 공부했다가 머릿속에서 잊혀 졌던 도커와 쿠버네티스의 개념이 하나씩 되살아나는 기분이 들었습니다. 분량도 약 200쪽 정도라 지하철을 타고 다니면서 가볍게 읽기에 좋습니다. 초보자는 개념을 정리하기에, 경험자는 복습하기에 알맞은 책이라고 생각합니다.

김영익_프리랜서, 시니어 백엔드 개발자

도커 컴포즈, 도커 스웜, 쿠버네티스를 제대로 이해하려면 컨테이너 기술이 가능하게 된 기반 기술에 대한 깊은 이해가 필요합니다. 이 책은 그런 핵심 개념들을 그림과 함께 정말 자세하게 설명해 주기 때문에, 실무에서 이미 쿠버네티스를 사용하고 있는 분이라면 빠졌던 개념을 보완하는 데 큰 도움이 될 것입니다. 또 쿠버네티스를 처음 공부하는 분이라면 이 책을 기초로 삼아 학습을 시작하시면 정말 많은 도움을 받을 수 있을 것입니다. 진심으로 추천합니다.

이경준_천재교육, 데이터 엔지니어(k8s 환경 내 데이터 파이프라인 구축 및 운영)

DOCKER AND KUBERNETES

도커를 처음 배우는 분에게 큰 도움이 되는 책입니다. 기초 예제를 통해 많은 내용을 배울 수 있으며, 쿠버네티스의 기본 개념과 실습 예제도 매우 유용합니다. 직접 실습하며 배울 수 있도록 구성되어 있어 이해가 빠르고 재미있습니다. 컨테이너와 쿠버네티스의 기초 개념을 탄탄하게 잡아주는 책으로, 특히 개발자가 알아야 할 도커 기반 애플리케이션 제작 과정을 자세히 설명해 주어 실무에도 도움이 됩니다.

서태호_AI강사, 27년차 인프라 엔지니어

도커와 쿠버네티스를 다루다 보면 추상적으로만 이해하고 지나치는 부분이 많습니다. 이 책은 제목에 걸맞게 머릿속으로 어렴풋이 알고 있던 개념들을 그림으로 쉽게 풀어 설명하고, 구성된 실습을 통해 실제 동작까지 직접 확인할 수 있게 해줍니다. 특히 컨테이너의 레이어 구조, 컨테이너 런타임과 표준 규격에 대한 설명에서 많은 인사이트를 얻었습니다. 컨테이너 이미지 빌드 과정과 컨테이너의 생명주기를 따라, 고수준에서 저수준으로 실행될 때 실제 OS에서 어떤 일이 일어나는지 상세히 알 수 있어 매우 유익했습니다.

여민수_길을 만들어가는 사람

이 책은 도커와 쿠버네티스의 핵심 개념을 명확하고 직관적인 그림으로 설명합니다. 도커 파트에서는 호스트 시스템과 컨테이너 간 자원 공유 방식, 복잡한 레이어 개념, 오버레이 파일 시스템 등을 그림을 통해 쉽게 이해할 수 있었습니다. 쿠버네티스 파트에서는 롤링 업데이트와 스테이트풀셋의 시간에 따른 변화 과정을 시각적으로 잘 표현하고 있습니다. 특히 4장의 런타임과 표준 규격 부분은 이 책의 백미로, 낯설고 어려운 주제를 간결하고 명료한 그림으로 풀어내어 개념 이해에 큰 도움이 되었습니다. 텍스트 설명만으로는 도커와 쿠버네티스의 동작 원리를 이해하기 어려웠던 개발자에게 추천합니다. 개념적인 부분을 설명하는 그림은 굉장히 좋습니다. 이미 컨테이너 기술을 사용 중인 분이라면, 이 책의 직관적인 그림들이 흐릿했던 개념을 하나의 명확한 그림으로 정리해 줄 것입니다.

주환석_클라우드가드, 파이썬 개발자

목 차

DOCKER AND KUBERNETES

1장 컨테이너 기술 개요 ····· 017

1.1 컨테이너 살펴보기 018
1.1.1 컨테이너 실행 018
1.1.2 컨테이너 이미지 020

1.2 기본적인 컨테이너 기술의 특징 024
1.2.1 가벼운 실행 환경 025
1.2.2 높은 이식성 027
1.2.3 거대한 생태계 029

1.3 이 책에서 다루는 도커와 쿠버네티스 031

2장 도커 개요 ····· 035

2.1 도커와 Build, Ship, Run 036
2.1.1 Build: 컨테이너 이미지 작성 037
2.1.2 Run: 컨테이너 실행 042
2.1.3 Ship: 레지스트리를 사용한 컨테이너 배포 044

2.2 다양한 컨테이너 실행 방법 049
2.2.1 호스트와 컨테이너의 파일 공유와 데이터 유지 049
2.2.2 컨테이너 포트를 호스트에서 공개하기 054
2.2.3 컴포즈: 여러 컨테이너를 한꺼번에 관리하기 056

2.3 도커파일 061
2.3.1 도커파일 기본 문법 061
2.3.2 멀티 스테이지 빌드 065

2.4 컨테이너 레이어 구조 073
2.4.1 컨테이너 이미지의 레이어 구조 073
2.4.2 컨테이너 이미지 내부 내용 보기 075
2.4.3 컨테이너 빌드와 레이어 구조 077
2.4.4 컨테이너 실행의 레이어 구조 082
2.4.5 레이어 구조의 이미지와 루트 파일시스템 작성에 필요한 기술 085

013

2.5 도커 아키텍처와 OCI 런타임 093

2.6 정리 095

2.7 참고 도커 25 버전에서 컨테이너 이미지 확인하기 096

3장 쿠버네티스 개요 ····· 099

3.1 쿠버네티스의 특징 100
    3.1.1 파일을 사용한 선언적 관리 100
    3.1.2 광범위한 배포 형식 지원 102
    3.1.3 확장성이 뛰어난 아키텍처와 활발한 개발자 커뮤니티 104

3.2 쿠버네티스 클러스터와 kubectl 106

3.3 쿠버네티스의 기본 배포 단위: 파드 111
    3.3.1 파드와 컨테이너 111
    3.3.2 레이블과 애너테이션 115

3.4 애플리케이션 배포 117
    3.4.1 디플로이먼트 117
    3.4.2 스테이트풀셋 125
    3.4.3 데몬셋 132
    3.4.4 잡과 크론잡 134

3.5 설정 항목과 볼륨 138
    3.5.1 컨피그맵과 시크릿을 활용한 애플리케이션 설정 관리 138
    3.5.2 볼륨을 사용한 스토리지 관리 141
    3.5.3 퍼시스턴트볼륨 142
    3.5.4 임시 볼륨 149

3.6 서비스 공개 153
    3.6.1 서비스를 사용해서 파드에 접속하기 153
    3.6.2 외부에 서비스 공개하기 156

3.7 쿠버네티스의 파드와 CRI 컨테이너 런타임   163

    3.7.1 kubelet으로 파드 관리   163
    3.7.2 CRI 런타임   165
    3.7.3 CNI 플러그인   166
    3.7.4 kube-proxy   167
    3.7.5 노드 컴포넌트의 관계   168

3.8 정리   171

4장 컨테이너 런타임과 컨테이너 표준 규격 ······ 173

4.1 컨테이너 런타임 개요   174

    4.1.1 도커, 쿠버네티스, 컨테이너 런타임의 관계   174
    4.1.2 두 종류의 런타임 레이어   176
    4.1.3 CRI 런타임, OCI 런타임 연동과 파드 작성 흐름   177

4.2 다양한 고수준 런타임 (도커 호환 런타임)   180

    4.2.1 도커   180
    4.2.2 파드맨   181

4.3 다양한 고수준 런타임 (CRI 런타임)   183

    4.3.1 containerd   183
    4.3.2 CRI-O   185

4.4 다양한 저수준 런타임   187

    4.4.1 runc   187
    4.4.2 gVisor   188
    4.4.3 Kata Containers   190

4.5 OCI 표준 규격   191

    4.5.1 OCI Runtime Specification   191
    4.5.2 OCI Image Specification   195
    4.5.3 OCI Distribution Specification   197

4.6 runc를 사용한 컨테이너 실행　**200**

　　4.6.1 컨테이너 이미지를 가져오고 컨테이너 기반 작성　201

　　4.6.2 컨테이너 실행　203

　　4.6.3 컨테이너 정지와 삭제　204

4.7 실행 환경 작성에 사용하는 기반 기술　**205**

　　4.7.1 네임스페이스　205

　　4.7.2 cgroup　211

4.8 정리　**222**

찾아보기　223

1장

컨테이너 기술 개요

컨테이너는 웹 서비스를 비롯해 다양한 분야에서 활용됩니다. 도커(Docker)와 쿠버네티스(Kubernetes)에서 사용하는 컨테이너는 과연 어떤 기술일까요? 이 장에서는 기본적인 특징을 알아봅니다.

1.1 컨테이너 살펴보기

컨테이너는 공유된 OS(호스트 OS)에서 독립적인 애플리케이션 실행 환경을 작성하는 기술입니다(그림 1-1). 하나의 호스트에서 여러 컨테이너를 실행할 수 있습니다. 각 실행 환경은 호스트 OS와 격리된 상태가 되고, 컨테이너 내부에 실행되는 프로세스 입장에서는 마치 OS 환경을 독점하는 것처럼 보입니다. 파일, 프로세스, 네트워크 등 접근할 수 있는 대부분의 시스템 리소스도 다른 컨테이너나 호스트 OS와 격리됩니다.

1.1.1 컨테이너 실행

우선 컨테이너가 어떤 것인지 감을 잡기 위해 컨테이너를 실행하는 예제를 살펴봅시다(예제 1-1). 이 예제는 나중에 설명하는 컨테이너 관리 도구인 도커를 사용해서 컨테이너를 가동합니다.

예제 1-1은 도커 CLI(Command Line Interface, 명령줄 인터페이스) 명령어인 docker 명령어를 사용해서 컨테이너를 작성하고 내부에서 셸(shell)을 실행합니다. 컨테이너는 **컨테이너 이미지**를 바탕으로 작성합니다. 이 예제는 ubuntu:22.04 이미지로 컨테이너를 실행하는데, 이 이미지는 이름에서 알 수 있듯이 리눅스 배포판인 우분투 환경을 제공하는 컨테이너를 작성할 수 있습니다. 예제 1-1에서는 컨테이너를 하나만 실행하지만 실제로는 도커를 사용해서 더 많은 컨테이너를 실행하고 관리할 수 있습니다.

▼ 그림 1-1 컨테이너 개요

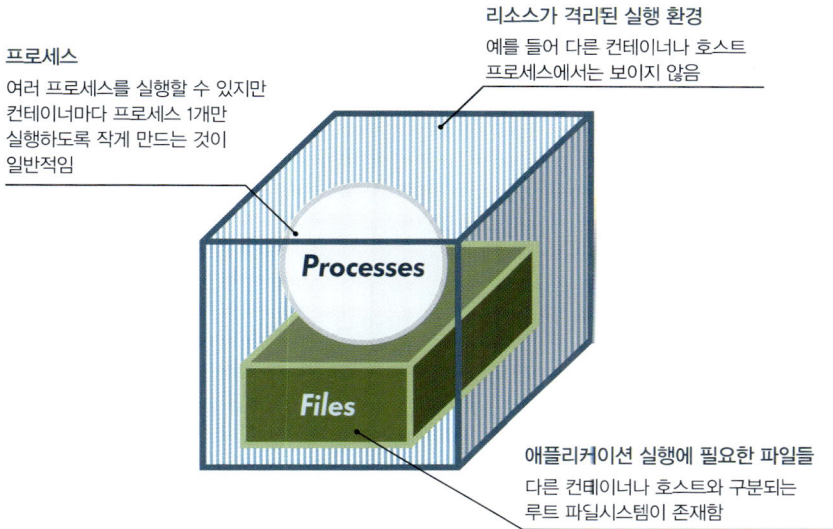

프로세스
여러 프로세스를 실행할 수 있지만 컨테이너마다 프로세스 1개만 실행하도록 작게 만드는 것이 일반적임

리소스가 격리된 실행 환경
예를 들어 다른 컨테이너나 호스트 프로세스에서는 보이지 않음

애플리케이션 실행에 필요한 파일들
다른 컨테이너나 호스트와 구분되는 루트 파일시스템이 존재함

예제 1-1 docker 명령어로 컨테이너 실행

```
$ docker run -it ubuntu:22.04 /bin/bash
root@be7f87e65911:/# ls /         컨테이너 전용의 루트 파일시스템이 존재
bin   dev  home  lib32  libx32  mnt  proc  run   srv  tmp  var
boot  etc  lib   lib64  media   opt  root  sbin  sys  usr
root@be7f87e65911:/# ps ax        호스트나 다른 컨테이너의 프로세스는 보이지 않음
    PID TTY      STAT   TIME COMMAND
      1 pts/0    Ss     0:00 /bin/bash
      9 pts/0    R+     0:00 ps ax
```

두 번째 줄 이후의 프롬프트(root@로 시작하는 프롬프트)는 해당 컨테이너 내부에서 실행된 셸입니다. 몇 가지 명령어를 실행했는데 컨테이너 내부는 외부 환경, 즉 호스트 환경과 격리된 실행 환경임을 실감할 수 있습니다.

예를 들어 예제 1-1처럼 컨테이너 내부에서 파일을 확인하면 우분투 환경이란 점, 그리고 표시되는 파일 목록이 호스트 환경과 별개라는 점을 확인할 수 있습니다. 또한 컨테이너 안에서 실행한 ps 명령어의 출력 결과는 프로세스 2개만 보이는데, 실제 호스트 환경에서는 더 많은 프로세스가 실행됩니다. 하지만 컨테이너 안에서는 이런 호스트 환경의 프로세스가 보이지 않습니다.

예제 1-1을 통해 컨테이너가 호스트와 격리된 독립적인 실행 환경임을 알 수 있습니다.

1.1.2 컨테이너 이미지

컨테이너를 실행하려면 바탕이 되는 **컨테이너 이미지**(또는 단순히 이미지)가 필요합니다(그림 1-2). 컨테이너 이미지는 컨테이너에서 실행할 애플리케이션과 실행에 필요한 의존 파일을 포함하는 데이터입니다. 실행할 때 컨테이너 내부에 설정하는 환경 변수 등 실행 환경 자체의 설정 정보도 포함됩니다.

❤ 그림 1-2 이미지 개요

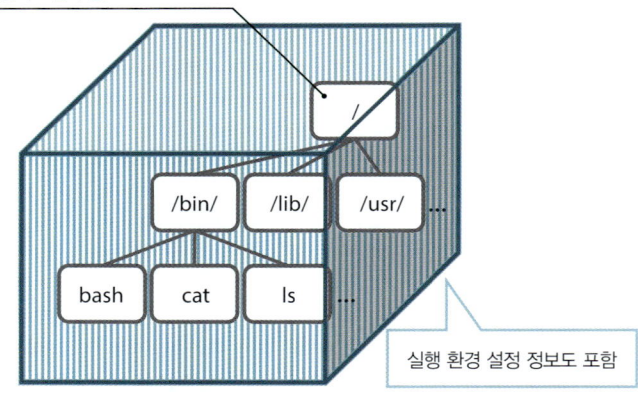

컨테이너 이미지를 사용하면 팀과 조직 등 다양한 실행 환경에 이미지를 공유해서 여러 곳에서 컨테이너를 실행할 수 있습니다. 이런 작업 흐름(workflow)을 나타내는 상징적인 문구가 도커가 내세운 **Build, Ship, Run**입니다(그림 1-3). Build는 컨테이너 이미지 작성(빌드), Ship은 컨테이너 이미지의 머신 간 공유,

Run은 컨테이너 이미지를 바탕으로 컨테이너 실행을 의미합니다. 컨테이너에서 일어나는 기본 조작 흐름을 인상적인 문구로 표현한 말입니다.

▼ 그림 1-3 컨테이너의 기본적인 작업 흐름

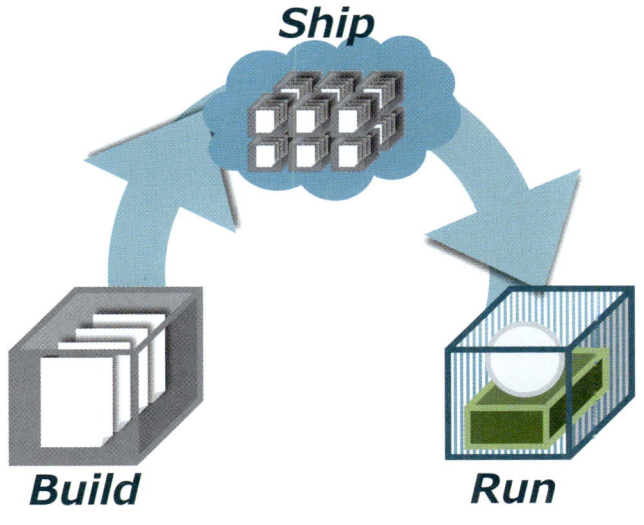

이미지 배포
레지스트리
(이미지 배포용 서버) 사용

이미지 작성
도커를 포함한 빌드 도구를
사용해서 작성

컨테이너 실행
도커를 포함한 컨테이너
런타임(※)을 사용

※ 컨테이너 런타임(container runtime): 해당 머신에서 컨테이너 작성 및 관리를 담당하는 소프트웨어

예제 1-2는 docker build 명령어로 컨테이너 이미지를 빌드하는 예제입니다. 이미지 설계를 기록한 파일을 입력하면 빌드 결과로 이미지를 얻을 수 있습니다. 구체적인 빌드 절차와 명령어 출력 내용은 다음 장에서 설명합니다.

예제 1-2 docker 명령어로 이미지 빌드

이미지 설계서 작성
```
$ mkdir sample
$ cat <<EOF > ./sample/Dockerfile
FROM ubuntu:22.04
RUN echo hi > /hi
EOF
```
이미지 설계서를 바탕으로 이미지 빌드
```
$ docker build -t myimage ./sample
[+] Building 0.4s (6/6) FINISHED                                  docker:default
 => [internal] load build definition from Dockerfile                        0.1s
 => => transferring dockerfile: 73B                                         0.1s
 => [internal] load metadata for docker.io/library/ubuntu:22.04             0.0s
 => [internal] load .dockerignore                                           0.0s
 => => transferring context: 2B                                             0.0s
 => [1/2] FROM docker.io/library/ubuntu:22.04                               0.0s
 => [2/2] RUN echo hi > /hi                                                 0.2s
 => exporting to image                                                      0.1s
 => => exporting layers                                                     0.0s
 => => writing image sha256:f84c7b89b98b309f4e6f859bb0cf6c161feec0de5d1204f2b6b5b473afa5c621  0.0s
 => => naming to docker.io/library/myimage                                  0.0s

What's next:
    View a summary of image vulnerabilities and recommendations →
docker scout quickview
```
빌드한 이미지 실행
```
$ docker run --rm -it myimage /bin/bash
root@5b8edaa84a66:/# cat /hi
hi
```

이미지는 작성한 머신뿐만 아니라 다른 머신에도 공유할 수 있습니다. 이를 위해 이미지를 저장하고 배포하는 레지스트리(registry)라는 서버를 사용합니다(그림 1-4).

예를 들어 빌드용 머신에서 작성한 이미지를 레지스트리에 업로드하고, 서비스 환경과 테스트 환경에서는 레지스트리에서 이미지를 가져와서 컨테이너를 실행하는 것처럼 레지스트리를 중심으로 이미지를 배포합니다.

▼ 그림 1-4 이미지 배포

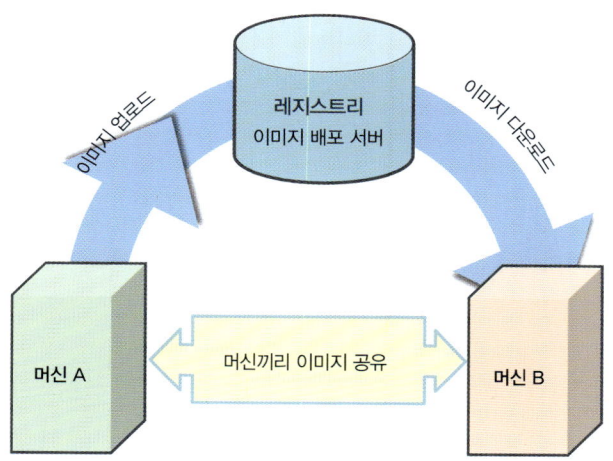

예제 1-3은 docker pull 명령어로 이미지를 레지스트리 서비스(도커 허브[1])에서 가져오는 예시입니다. 레지스트리를 사용한 이미지 공유 관련 내용은 다음 장에서 설명합니다.

예제 1-3 docker 명령어로 이미지 가져오기

```
ubuntu:22.04 이미지를 레지스트리(도커 허브)에서 가져오기
$ docker pull ubuntu:22.04
22.04: Pulling from library/ubuntu
445a6a12be2b: Pull complete
Digest: sha256:aabed3296a3d45cede1dc866a24476c4d7e093aa806263c27ddaadbdce3c1054
Status: Downloaded newer image for ubuntu:22.04
docker.io/library/ubuntu:22.04
```

이처럼 컨테이너는 Build, Ship, Run으로 대표되는 작업 흐름에 따라 처리합니다.

다음 절에서는 컨테이너를 더 깊이 이해하기 위해 기본적인 특징 몇 가지를 더 살펴보겠습니다.

---

[1] https://hub.docker.com

1.2 기본적인 컨테이너 기술의 특징

컨테이너에는 어떤 특징이 있을까요? 그리고 다른 기술과 비교했을 때 어떤 점이 다를까요? 컨테이너의 특징은 다양하지만, 그중에서도 중요한 세 가지 특징에 주목합시다(그림 1-5).

▼ 그림 1-5 컨테이너의 특징

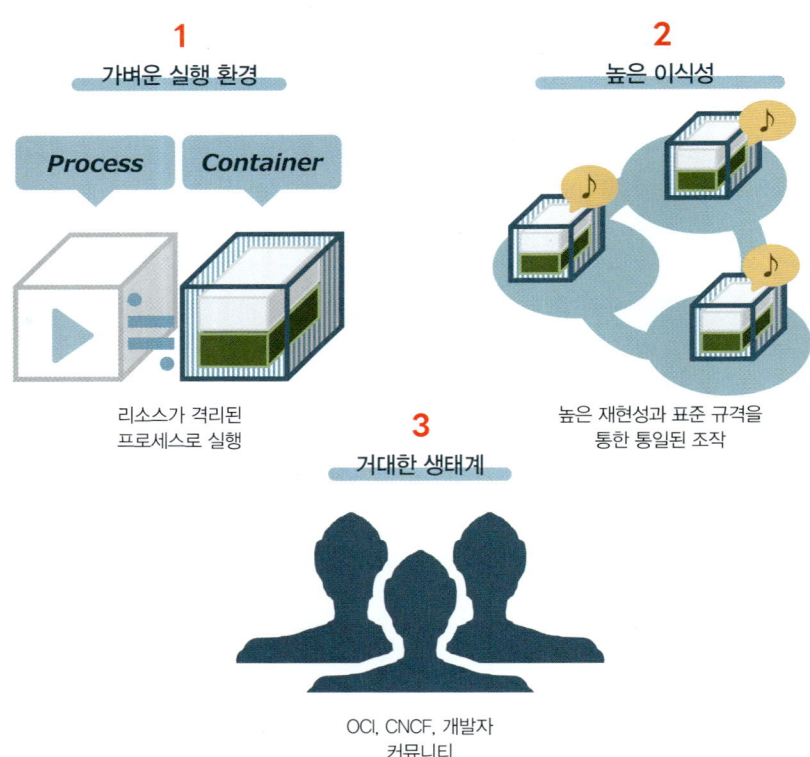

1.2.1 가벼운 실행 환경

컨테이너의 특징으로 가벼운 실행 환경을 들 수 있습니다. 이 특징을 파악하려면 **실행 환경을 작성**한다는 점에서 비슷한 기술인 **가상머신**(virtual machine) 구조와 비교하면 이해하기 쉽습니다(그림 1-6).

간단히 가상머신과 컨테이너라고 말했지만 실제 구현 방식은 다양합니다. 지금은 상세한 기술 내용을 이해하는 것이 아니라 컨테이너 기술 개요를 파악하는 것이 목적이므로, 가상머신과 컨테이너가 가리키는 범위를 다음과 같이 한정합니다.

- **가상머신**: 리눅스 KVM 등의 하이퍼바이저(hypervisor)를 사용한 가상화 기술
- **컨테이너**: 도커 등을 사용해 리눅스에서 네임스페이스(namespace) 같은 격리 기능으로 구현된 애플리케이션 컨테이너

▼ 그림 1-6 가상머신과 컨테이너

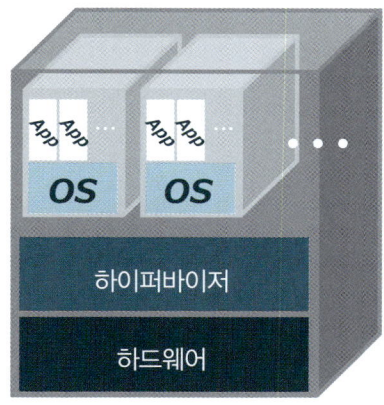
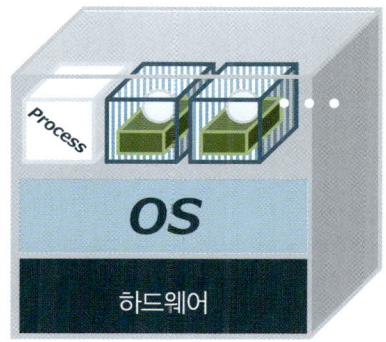

가상머신
하이퍼바이저가 가상의 하드웨어를 제공하고 그 위에서 OS와 애플리케이션을 실행함

컨테이너
커널 기능을 사용해서 격리된 프로세스로 실행함

가상머신

가상머신은 인프라 분야에서 널리 사용되는 대표적인 기술입니다. 아마존 웹 서비스(Amazon Web Services), 마이크로소프트 애저(Microsoft Azure), 구글 클라우드(Google Cloud) 등 대표적인 클라우드 서비스에서도 가상머신을 주요한 실행 환경으로 제공합니다. 가상머신은 하드웨어와 OS 사이에 하이퍼바이저 관리 계층을 두고, 하이퍼바이저가 제공하는 가상의 하드웨어에서 OS를 실행해서 하나의 물리머신에서 여러 OS를 동시에 작동시키는 기술입니다. 이렇게 만든 각 OS 실행 환경을 가상머신이라고 부릅니다. 이 기술을 사용해서 서버 등의 애플리케이션을 실행하는 가상머신을 물리머신 하나에 집약하는 방식으로 유연하게 자원을 관리할 수 있습니다.

컨테이너 기술

컨테이너도 실행 환경을 만드는 기술입니다. 앞에서 본 예제처럼 컨테이너 내부는 마치 가상머신처럼 호스트나 다른 컨테이너와 격리된 독립적인 OS 환경이 만들어집니다. 하지만 하드웨어를 가상화하는 가상머신과 다른 점은, 컨테이너는 호스트의 OS 커널을 기반으로 OS 커널이 제공하는 환경 격리 기능을 활용해서 독립적인 실행 환경을 만들고, 해당 환경에서 애플리케이션을 실행한다는 점입니다.

즉, 컨테이너 자체에는 OS 커널이 포함되지 않습니다.[2] 이 말만 들으면 컨테이너가 마치 일반 프로세스와 똑같은 것처럼 들립니다. 프로세스도 OS 커널 기능을 사용해서 만들어지므로 사용 가능한 메모리 주소 공간 등을 보면 다른 프로세스와 어느 정도 독립된 실행 환경을 갖기 때문입니다. 사실 맞는 말입니다. 컨테이너도 그 실체는 프로세스입니다. 다만 OS 커널 기능을 활용해서 일반 프로세스에 비해 더욱 강력하게 환경을 분리한다는 점이 다릅니다.

---

2 최근에는 컨테이너 관련 사용 사례에 맞게 튜닝한 경량 가상머신을 컨테이너로 실행하는 기술도 주목받고 있습니다. 이 내용은 4장에서 설명합니다.

예를 들어 앞에서 본 예제처럼 컨테이너는 호스트와 독립된 루트 파일시스템 (root filesystem)이 있고, 호스트나 다른 컨테이너 프로세스 등의 컨테이너 외부의 리소스는 볼 수 없도록 되어 있습니다. 이렇게 해서 컨테이너는 마치 가상머신처럼 독립된 OS 환경을 제공하지만 **프로세스 수준으로 작은 크기의 실행 환경**으로 다룰 수 있습니다.

이 책에서 소개하는 도커와 쿠버네티스 같은 컨테이너 관리 도구는 각 컨테이너마다 단일 또는 소수의 애플리케이션만 포함해서 컨테이너를 작은 단위로 다루는 편입니다.[3] 또한 컨테이너 실행 단위처럼 컨테이너 이미지도 가볍게 만들 수 있습니다. 보안 측면에서도 컨테이너 이미지에는 하나의 애플리케이션과 최소한의 의존 컴포넌트만 포함해서 작게 만드는 것을 모범 사례로 봅니다. 가상머신 이미지는 보통 몇 기가바이트 이상으로 큰 용량을 차지하지만, 컨테이너 이미지는 수십~수백 메가바이트 정도로 작은 편입니다. 이런 특징은 컨테이너 이미지를 다른 머신 환경에서도 네트워크를 통해서 무척 빠르게 공유할 수 있다는 장점으로 이어집니다.

1.2.2 높은 이식성

컨테이너의 또 다른 특징으로 컨테이너의 이식성을 꼽을 수 있습니다. 특히 다음 두 가지가 중요합니다.

- 컨테이너 이미지의 높은 동작 재현성
- 업계 표준 규격에 따른 컨테이너의 통일된 조작 방법

컨테이너 이미지에 애플리케이션이 필요한 의존 컴포넌트를 모두 담으면 작성할 때와 다른 환경에서 컨테이너를 실행하더라도 컨테이너 동작을 큰 문제 없

---

[3] 컨테이너 내부에 여러 애플리케이션을 실행해서 마치 가상머신처럼 범용적인 실행 환경을 만드는 방법도 있습니다. 이런 종류의 컨테이너는 시스템 컨테이너라고 부르기도 합니다.

이 재현할 수 있습니다. 예를 들어 컨테이너 이미지에 애플리케이션과 의존하는 공유 라이브러리를 포함하면, 해당 이미지를 다른 머신에 배포해서 실행하더라도 라이브러리 버전 불일치 등에 따른 문제를 피할 수 있습니다(그림 1-7).

▼ 그림 1-7 컨테이너 동작 재현성

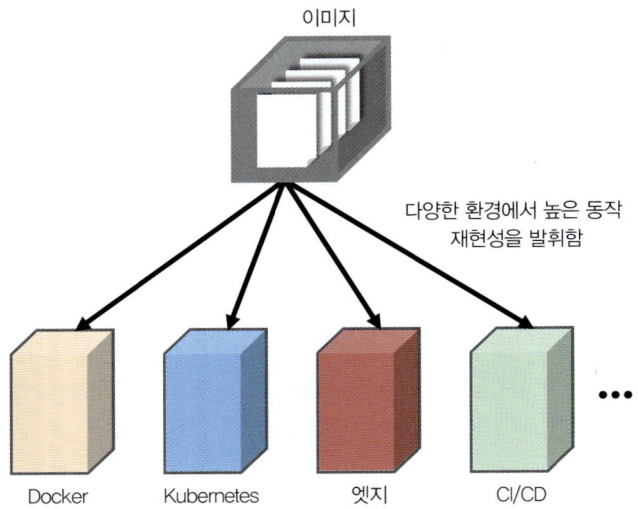

그리고 앞 절에서 설명한 컨테이너의 기본적인 조작 방법(Build, Ship, Run)처럼 업계에서 어느 정도 합의가 이루어졌다는 점도 높은 이식성의 요인 중 하나입니다. 실제로 작업 흐름에서 컨테이너 이미지 빌드 도구, 컨테이너 이미지를 공유하는 스토리지 서버(레지스트리), 컨테이너를 실행하는 도구(컨테이너 런타임)로는 지금까지 도커뿐만 아니라 다양한 도구가 개발되었습니다.

또한 컨테이너 이미지, 런타임, 레지스트리는 다음 절에서 소개하겠지만 업계의 개방적인 단체가 주도해서 표준 규격을 정합니다. 컨테이너 관련 도구나 실행 기반은 도커와 쿠버네티스를 비롯해서 CI/CD(지속적 통합과 배포), FaaS(Function as a Service), 서비스 메시(service mesh), 엣지 컴퓨팅에 이르기까지 폭넓은 분야로 다양하지만, 이런 기본적인 도구의 표준 규격이 정해져 있어서 작성한 컨테이너를 표준 규격에 따라 해당 도구끼리 공통으로 다룰 수 있다는 점에서 높은 이식성을 보여줍니다.

지금까지 소개한 바와 같이 컨테이너의 높은 이식성은 개발 주기의 모든 부분에서 유용합니다. 한번 작성한 컨테이너는 테스트 환경이나 서비스 환경 등 다양한 환경에서 높은 재현성으로 배포해서 실행할 수 있고, 이미지 취약점 스캐너나 CI/CD 관련 도구 등 용도에 따라 다양한 도구를 조합해서 컨테이너를 다룰 수 있습니다.

이렇게 등장한 다양한 컨테이너 관련 도구는 다음 절에서 설명하는 생태계를 형성합니다.

1.2.3 거대한 생태계

컨테이너 기술은 인프라 분야에 널리 사용하는 기술이고, 컨테이너 기술을 둘러싼 도구는 오픈소스(OSS)로 개발된 것만 해도 무척 많습니다. 그 일부는 CNCF(나중에 설명)가 제공하는 **Cloud Native Landscape**[4] 페이지에서 확인할 수 있습니다. 그야말로 컨테이너 기술은 거대한 생태계를 형성합니다. 이 절에서는 컨테이너를 둘러싼 생태계에서 중요한 역할을 담당하는 두 단체를 소개합니다.

첫 번째는 **Open Container Initiative**(OCI)[5]입니다. 컨테이너 기술 관련 표준 규격을 정하고 참조 구현 개발 등을 담당하는 리눅스 재단(Linux Foundation) 산하의 프로젝트입니다. 컨테이너 이미지, 컨테이너 레지스트리, 컨테이너 런타임은 정해진 표준 규격이 있다고 설명했는데, 바로 이 OCI를 중심으로 표준을 정합니다. 이렇게 정한 규격에 따라 업계는 다양한 컨테이너 관련 도구를 서로 연계 가능한 형태로 개발합니다. OCI가 정한 표준 규격은 4장에서 자세히 설명합니다.

---

4 https://landscape.cncf.io
5 https://opencontainers.org 똑같은 약자(OCI)이지만 Oracle Cloud Infrastructure와 Open Container Initiative는 전혀 다릅니다.

그리고 또 다른 중요한 단체가 리눅스 재단 산하의 프로젝트인 Cloud Native Computing Foundation(CNCF)[6]입니다. CNCF에는 다양한 OSS 프로젝트가 있고[7] 그중에는 이 책에서 소개하는 쿠버네티스도 있습니다. CNCF가 호스팅하는 프로젝트에는 성숙도에 따라 등급이 있고 프로젝트 성숙도가 높은 순서대로 Graduated(졸업 단계), Incubating(인큐베이팅 단계), Sandbox(샌드박스 단계)가 있습니다. 각 프로젝트 성숙도는 해당 제품이 얼마나 많이 사용되는가, 프로젝트 체계 등 다양한 요소를 다각도로 고려해서 결정합니다.

쿠버네티스는 졸업 단계에 해당합니다. 그 외에도 이 책의 후반부에서 소개하는 containerd(졸업 단계 프로젝트)[8], CRI-O(졸업 단계 프로젝트)[9]도 CNCF 프로젝트로 개발이 진행됩니다.

OCI는 컨테이너 관련 기본적인 표준 규격을 정하지만 CNCF와 쿠버네티스 프로젝트도 커뮤니티에서 중요한 역할을 담당하고 몇 가지 규격을 정합니다.

이러한 규격 중에는 쿠버네티스 등에서 사용할 수 있는 플러그인 인터페이스 규격이 있습니다. 컨테이너 런타임 관련 규격(CRI: Container Runtime Interface)[10], 스토리지 관련 플러그인 인터페이스(CSI: Container Storage Interface)[11], 컨테이너 네트워크 인터페이스(CNI: Container Network Interface)[12]가 있습니다. 쿠버네티스를 비롯한 오케스트레이션 엔진에서 사용하는 다양한 플러그인과 주변 도구는 이런 규격을 바탕으로 개발합니다.

CRI를 준수하는 컨테이너 런타임 구현 중에서 몇 종류를 4장에서 소개합니다.

---

6 https://www.cncf.io
7 https://www.cncf.io/projects
8 https://containerd.io
9 https://cri-o.io
10 https://github.com/kubernetes/cri-api
11 https://github.com/container-storage-interface/spec
12 https://github.com/containernetworking/cni

1.3 이 책에서 다루는 도커와 쿠버네티스

컨테이너 특징은 이 책에서 다루는 내용 외에도 많지만, 이러한 특징을 최대한 활용해서 다양한 오픈소스 인프라 관리 도구가 개발되고 있습니다. 이 책에서는 그중에서도 특히 중요한 도커와 쿠버네티스를 중심으로 다룹니다(그림 1-8).

▼ 그림 1-8 도커와 쿠버네티스

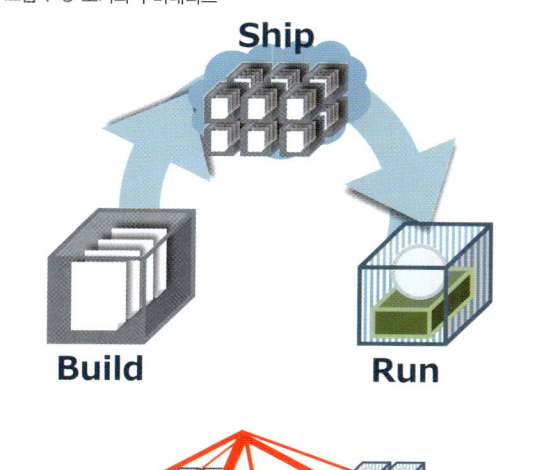

도커
컨테이너에 관련된 기본적인 작업 흐름을 지원함
주의 스웜 모드(Swarm mode) 오케스트레이션 기능도 있음

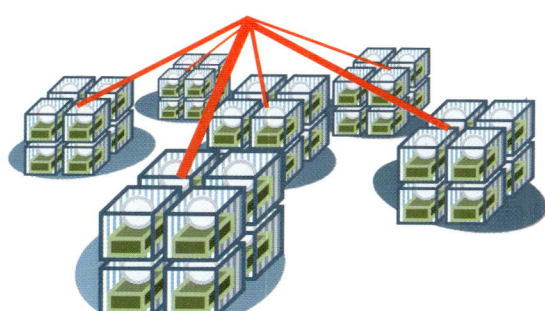

쿠버네티스
여러 머신으로 구성된 환경에서 컨테이너 실행을 관리함

도커[13]는 하나의[14] 머신에서 컨테이너 관리, 컨테이너 이미지 작성, 이미지를 팀과 조직에 공유하는 등의 컨테이너에 관련된 기본적인 작업 흐름을 지원하는 도구입니다. 도구 자체의 편의성뿐만 아니라 컨테이너 기본 조작을 'Build, Ship, Run' 문구처럼 간단한 작업 흐름으로 업계에 전파해서 컨테이너 기술 확산에 큰 역할을 했습니다.

2장에서는 도커가 제공하는 기본적인 기능인 Build, Ship, Run과 자주 사용하는 기능을 소개하고 컨테이너의 특징적인 구조를 살펴봅니다. 마지막으로 도커 아키텍처 개요를 설명합니다.

쿠버네티스[15]는 여러 대의 머신으로 구성된 환경에서 컨테이너를 관리하는 데 사용하는 **오케스트레이션 엔진**입니다. 컨테이너의 경량성과 높은 재현성이라는 특징을 살리면서, 노드(node, 컨테이너가 구동되는 머신)에 장애가 발생하면 컨테이너를 다른 노드에서 자동으로 재시작하는 자가 치유 기능과, 부하 상태 같은 조건에 따라 자동으로 컨테이너 개수를 늘리고 줄이는 오토 스케일링 같은 높은 회복성 및 유연한 관리 자동화 기능을 제공합니다.

그리고 쿠버네티스는 **선언적** 관리 스타일이라는 특징이 있습니다. 이 말은 **매니페스트**(manifest)라는 설정 파일에 이상적인 배포 상태, 즉 인프라 기반으로 협력적으로 작동하는 컨테이너 그룹의 최종 동작 방식을 정의하고, 이 파일을 쿠버네티스에 전달하여 인프라를 조작하는 방식입니다.

3장에서는 쿠버네티스 특징을 소개하고 컨테이너 배포와 공개 관련 기본적인 기능을 살펴봅니다. 그리고 쿠버네티스를 구성하는 노드에서 컨테이너를 작성하고 관리하는 데 어떤 컴포넌트가 구동되고, 도커와 어떤 관계가 있는지 설명합니다.

---

[13] https://www.docker.com
[14] 또한 도커는 여러 노드로 구성된 환경에서 컨테이너를 관리하는 스웜 모드(Swarm mode) 오케스트레이션 기능도 있습니다.
[15] https://kubernetes.io

그리고 이들 도구가 공통으로 사용하는 **컨테이너 런타임**에 대해서도 설명합니다. 컨테이너 런타임은 관리 도구에서 지시를 받아 머신에 컨테이너를 직접 작성, 관리하는 저수준 소프트웨어입니다. 컨테이너를 컨테이너답게 만드는 가장 기본적인 기능을 제공하는 숨은 실력자에 해당하는 소프트웨어입니다.

도커도 컨테이너 실행 환경을 작성하는 데 컨테이너 런타임을 사용합니다(2장에서 설명). 쿠버네티스 자체에는 컨테이너를 직접 작성하고 조작하는 기능이 없지만 쿠버네티스 환경을 구성하는 각 머신의 컨테이너 런타임이 그 역할을 담당합니다(3장에서 설명).

4장에서는 컨테이너 런타임에 초점을 맞춥니다. 전반부에서는 몇 가지 런타임 구현 방식을, 후반부에서는 OCI가 정한 컨테이너 기술 표준 규격 설명 및 OCI가 만든 컨테이너 런타임 구현체 runc[16]를 살펴봅니다. 마지막으로 runc와 같이 리눅스에서 작동하는 컨테이너 런타임이 어떻게 컨테이너를 작성하고 그 과정에서 사용하는 리눅스 기능이 무엇인지 설명합니다.

---

[16] https://github.com/opencontainers/runc

memo

2장

도커 개요

도커[1]는 2013년 3월에 Docker사(당시 dotCloud)가 출시한 컨테이너 관리 도구입니다. 사용하기 편리할 뿐만 아니라 1장에서 설명한 것처럼 컨테이너의 기본적인 조작을 Build, Ship, Run이라는 간단한 작업 흐름 덕분에 업계에 널리 전파되었습니다.

---

1 https://www.docker.com

2.1 도커와 Build, Ship, Run

도커가 지원하는 컨테이너의 기본적인 조작법인 Build, Ship, Run이 무엇인지 실제로 도커를 조작하면서 알아보겠습니다. 설명에 등장하는 명령어는 리눅스 환경인 우분투 22.04에서 도커 24 버전을 사용한다고 전제합니다. 도커의 구체적인 기능을 소개하기 전에 Build, Ship, Run에 관련된 각 기능의 전체적인 흐름을 확인해봅시다(그림 2-1).

▼ 그림 2-1 도커를 사용한 컨테이너 관련 기본적인 조작

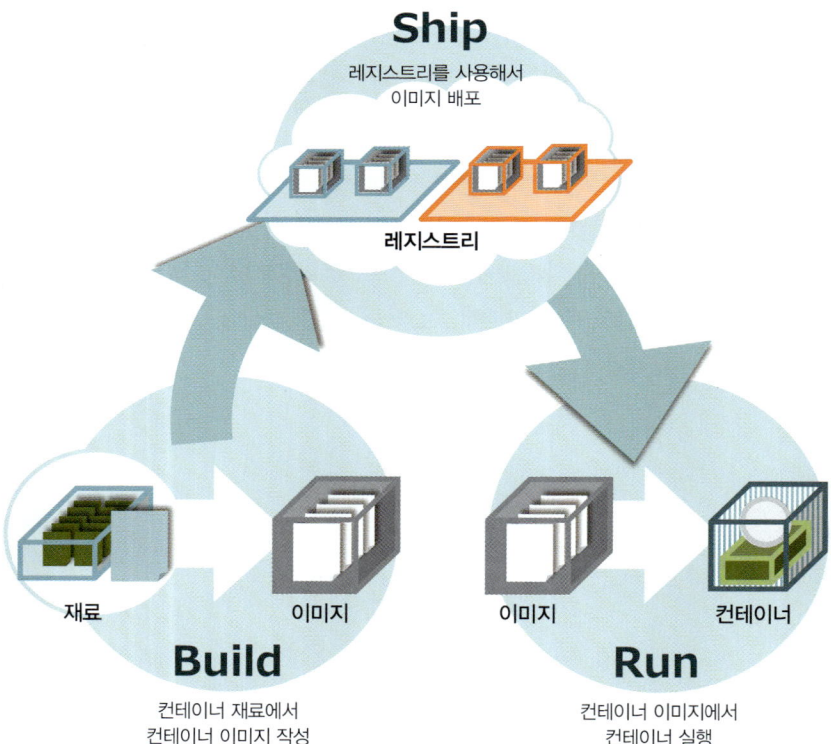

컨테이너를 실행하려면 우선 **컨테이너 이미지**라는 컨테이너 기반 데이터가 필요합니다. 컨테이너 이미지는 컨테이너 형태로 실행하고 싶은 애플리케이션의 바이너리, 의존 파일, 실행 환경 작성에 필요한 설정 정보 등이 담겨 있습니다.

도커는 이 컨테이너 이미지를 작성(빌드)하는 기능이 있습니다(Build). 빌드한 이미지는 **레지스트리**(이미지 배포용 서버)를 사용해서 다른 호스트에 배포하고 공유할 수 있습니다. 도커는 레지스트리에 이미지를 업로드(push)하거나 레지스트리에서 이미지를 다운로드(pull)하는 기능이 있습니다(Ship).

직접 작성하거나 레지스트리에서 다운로드한 컨테이너 이미지는 도커에서 실행할 수 있습니다(Run). 도커는 이미지에 포함된 정보를 바탕으로 컨테이너 실행 환경을 작성하거나, 이미지에 포함된 파일로 실행 환경에서 사용할 루트 파일시스템을 작성해서 컨테이너를 실행합니다.

이와 같이 도커 기능을 사용해서 컨테이너와 관련된 기본적인 조작을 할 수 있습니다.

이후 절에서는 각각의 기능을 설명하겠습니다.

2.1.1 Build: 컨테이너 이미지 작성

컨테이너를 실행하려면 먼저 컨테이너 이미지가 필요합니다. 컨테이너 이미지는 컨테이너로 실행할 애플리케이션, 의존 파일, 컨테이너 환경 자체의 설정 등을 포함한 **컨테이너의 재료**입니다(그림 2-2).

▼ 그림 2-2 이미지 개요

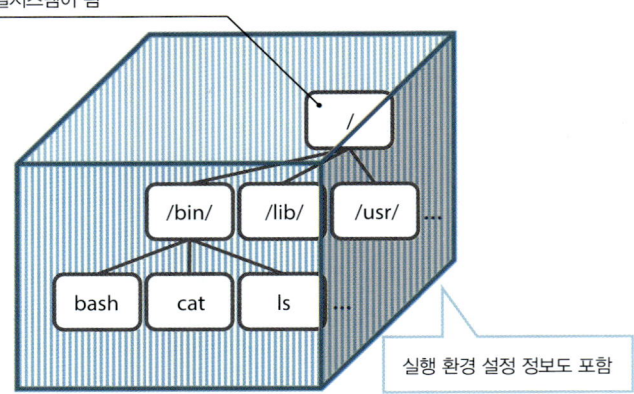

도커는 컨테이너 이미지를 바탕으로 컨테이너 형태로 루트 파일시스템과 격리된 실행 환경을 작성하고 실행합니다.

컨테이너 이미지를 작성하는 것은 **빌드**(Build)라고 부릅니다. 컨테이너 이미지 빌드도 도커를 사용할 수 있습니다. 이 절에서는 도커의 이미지 빌드 기능을 예제와 함께 설명하겠습니다(그림 2-3).

컨테이너 이미지를 작성하려면 도커에 재료를 제공해야 합니다. 컨테이너 재료는 다음과 같이 구성됩니다.

- **도커파일**(Dockerfile): 컨테이너 작성 절차를 기록한 파일
- **컨텍스트**(context): 컨테이너에 저장하거나 빌드할 때 사용하는 파일(애플리케이션 소스 코드 등)

이 내용을 도커에 넘기면 도커파일에 명시된 작업 절차에 따라 주어진 컨텍스트에 포함된 파일을 잘 사용해서 하나의 이미지로 통합합니다.

▼ 그림 2-3 컨텍스트와 도커파일로 이미지 작성하기

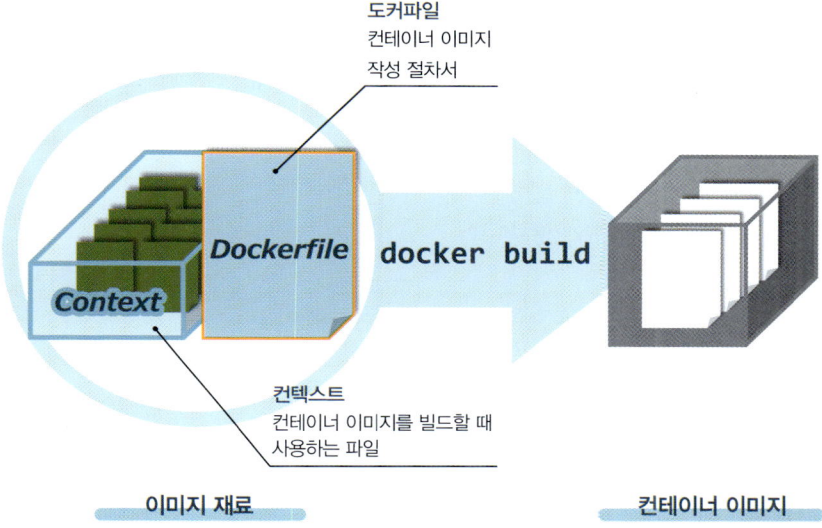

이제 실제로 컨테이너 이미지를 만들어 봅시다. 도커가 운영하는 컨테이너 이미지 공유 서비스 도커 허브(Docker Hub, 2.1.3절에서 자세히 설명)에 공개된 ubuntu:22.04[1] 컨테이너 이미지를 사용해서 새로운 컨테이너 이미지를 작성합니다. 작성한 컨테이너는 Hello, World! 문자열을 출력하고 이후에는 슬립(sleep)하는 단순한 내용입니다. 바탕이 되는 ubuntu:22.04 이미지에는 말 그대로 우분투 루트 파일시스템을 구성하는 파일이 포함되어 있는데 앞 절에서 설명한 대로 이미지에 리눅스 커널은 포함되지 않습니다.

우선 컨텍스트를 준비합니다. 컨텍스트는 빌드 재료로 사용할 파일을 하나의 디렉터리에 모은 것입니다. 여기서는 예제 2-1처럼 컨텍스트에 Hello, World!를 출력하고 슬립하는 hello.sh 셸 스크립트를 추가합니다. 그리고 컨텍스트에 이미지 작성 절차서인 Dockerfile[2]을 작성합니다(예제 2-2).

---

1 https://hub.docker.com/_/ubuntu
2 역주 실제 파일을 가리킬 때는 Dockerfile로, 그 개념을 뜻할 때는 도커파일로 구분해서 번역했습니다.

예제 2-1 Hello, World!를 출력하는 셸 스크립트 작성(hello.sh)

```
$ mkdir myimage
$ cat <<EOF > ./myimage/hello.sh
#!/bin/bash
set -eu
echo "Hello, World!"
exec sleep infinity
EOF
$ chmod +x ./myimage/hello.sh
```

예제 2-2 Dockerfile 작성

```
$ cat <<EOF > ./myimage/Dockerfile
FROM ubuntu:22.04              ❶
COPY ./hello.sh /hello.sh      ❷
ENTRYPOINT ["/hello.sh"]       ❸
EOF
```

Dockerfile에는 이미지 작성 절차 3단계(❶~❸)가 적혀 있습니다. Dockerfile 내용은 이후 절에서 자세히 설명합니다.

❶ FROM ubuntu:22.04: ubuntu:22.04 이미지를 바탕으로 새로운 이미지를 작성한다고 선언합니다.

❷ COPY ./hello.sh /hello.sh: 컨텍스트에 포함된 hello.sh 파일을 컨테이너 내부의 /hello.sh에 복사합니다.

❸ ENTRYPOINT ["/hello.sh"]: 컨테이너를 가동할 때 hello.sh를 실행하도록 지시합니다.

이 시점에서 컨텍스트에는 실행할 셸 스크립트(hello.sh)와 Dockerfile만 포함되어 있습니다(예제 2-3).

이제 이 재료를 가지고 실제로 이미지를 빌드하겠습니다. 도커 이미지 빌드 기능은 예제 2-4처럼 컨텍스트로 작성한 디렉터리(myimage)를 지정해서 docker build 명령어를 실행하면 이미지가 완성됩니다.

예제 2-3 myimage 디렉터리 내용 확인[3]

```
$ tree ./myimage
./myimage
├── Dockerfile
└── hello.sh

0 directories, 2 files
```

예제 2-4 docker build 명령어 실행[4]

```
$ docker build -t myimage:v1 ./myimage
[+] Building 0.1s (7/7) FINISHED
docker:default
 => [internal] load build definition from Dockerfile        0.0s
 => => transferring dockerfile: 106B                        0.0s
 => [internal] load metadata for docker.io/library/ubuntu:22.04  0.0s
 => [internal] load .dockerignore                           0.0s
 => => transferring context: 2B                             0.0s
 => [internal] load build context                           0.0s
 => => transferring context: 96B                            0.0s
 => [1/2] FROM docker.io/library/ubuntu:22.04               0.0s
 => [2/2] COPY ./hello.sh /hello.sh                         0.0s
 => exporting to image                                      0.0s
 => => exporting layers                                     0.0s
 => => writing image sha256:094f93c64a4c08d62f721d989e22f250a69a12f672b
78f58ddb110f7c009bfdc                                       0.0s
 => => naming to docker.io/library/myimage:v1               0.0s

$ docker image ls myimage:v1        myimage 작성 결과 확인
REPOSITORY   TAG   IMAGE ID       CREATED              SIZE
myimage      v1    094f93c64a4c   About a minute ago   69.2MB
```

이미지에 부여할 이름을 -t 옵션으로 myimage:v1이라고 지정했습니다. 콜론(:) 앞의 myimage가 이미지 이름, 콜론 이후의 v1이 태그입니다. 태그는 생략할 수 있는데 생략하면 latest가 암묵적으로 사용됩니다. 이미지를 작성하다

---

3 역주 표시되는 디렉터리 개수는 실습 환경에 따라 달라질 수 있습니다.
4 역주 이미지 파일 크기나 화면 출력 내용은 일부 달라질 수 있습니다.

보면 그 후에도 계속해서 수정한 새로운 버전을 만드는 경우가 많으므로 버전이 달라졌을 때 서로 이미지를 구별하기 쉽도록 명시적으로 태그를 지정하면 편리합니다.

마찬가지로 예제 2-4처럼 `docker image` 명령어를 실행하면 작성한 이미지를 확인할 수 있습니다. 나중에 설명하겠지만 지금 작성한 이미지는 실제로 실행하거나 다른 호스트에 배포할 수 있습니다.

2.1.2 Run: 컨테이너 실행

이어서 앞 절에서 작성한 Hello, World!를 출력하는 이미지를 실행합니다(그림 2-4). 컨테이너 실행은 `docker run` 명령어로 실행합니다(예제 2-5). 여기서는 `--name` 옵션을 사용해 컨테이너에 `mycontainer`라는 이름을 지정했습니다.

그림 2-4 컨테이너 이미지로 컨테이너 실행

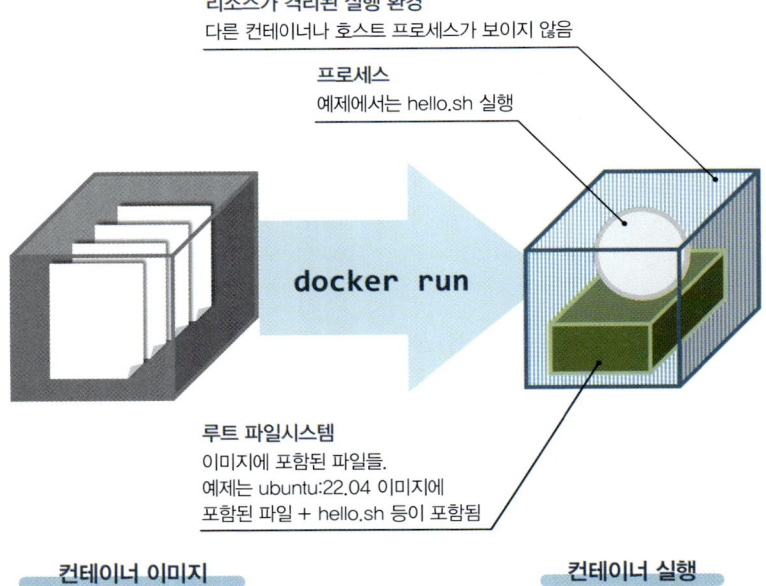

예제 2-5 컨테이너 이미지로 컨테이너 실행

```
$ docker run --name mycontainer myimage:v1
Hello, World!
```

명령어를 실행하면 생각대로 Hello, World! 문자열이 출력됩니다. 이 문자열은 컨테이너 내부에서 실행된 셸 스크립트가 출력한 내용입니다. 문자열 출력 후에 컨테이너는 셸 스크립트 내용대로 sleep 명령어가 실행됩니다.

그러면 컨테이너 내부를 잠시 살펴봅시다. 도커 명령어 중에 docker exec를 사용하면 실행 중인 컨테이너에 새로운 명령어를 실행할 수 있습니다.

이 절에서는 실행 중인 컨테이너 내부를 확인하기 위해서 컨테이너에 새로운 셸을 실행합니다. 별도의 터미널에서 예제 2-6처럼 docker exec 명령어를 실행하면, 실행 중인 mycontainer 컨테이너에 새로운 셸(/bin/bash)이 실행됩니다. 그리고 -it 옵션을 지정하면 터미널로 입력을 주고받는 대화식(interactive)으로 해당 셸을 조작할 수 있습니다.

예제 2-6 docker exec 명령어로 컨테이너 내부 확인

```
$ docker exec -it mycontainer /bin/bash
root@6015f6d225c4:/# ls /     컨테이너 이미지에 포함된 hello.sh 스크립트가 존재
bin  boot  dev  etc  hello.sh  home  lib  media  mnt
opt  proc  root  run  sbin  srv  sys  tmp  usr  var
root@6015f6d225c4:/# ps -Ao pid,cmd     컨테이너 외부의 프로세스는 보이지 않음
  PID CMD
    1 sleep infinity
    7 /bin/bash
   15 ps -Ao pid,cmd
```

docker exec를 실행하면 컨테이너에서 실행된 셸의 프롬프트가 표시됩니다. 이 셸에 ls 명령어나 ps 명령어를 실행하면 호스트와는 다른 실행 환경 즉, 작성한 mycontainer 컨테이너 내부라는 것을 알 수 있습니다.

먼저 컨테이너의 / 디렉터리에는 컨테이너 이미지에 포함된 hello.sh 스크립트가 저장되어 있습니다. 그리고 ps 결과를 보면 systemd 같은 데몬 프로세스가 실행되지 않고 셸 스크립트 hello.sh에서 실행한 sleep 명령어가 PID=1로 설정되어 있습니다. 참고로 셸 프로세스 /bin/bash(PID=7)와 ps 명령어(PID=15)는 현재 컨테이너 내부를 확인하려고 실행한 프로세스이므로, docker exec를 실행하지 않았다면 해당 컨테이너에는 PID=1의 sleep만이 실행된 상태라는 것을 알 수 있습니다.

마지막으로 셸에서 Ctrl+D 키를 입력하거나 exit를 실행해서 셸에서 빠져나와서 컨테이너를 종료하고 삭제합니다(예제 2-7).

예제 2-7 컨테이너 정지 및 삭제

```
$ docker stop mycontainer
mycontainer
$ docker rm mycontainer
mycontainer
```

2.1.3 Ship: 레지스트리를 사용한 컨테이너 배포

도커는 작성한 이미지를 다른 호스트에 배포할 수 있습니다(그림 2-5). 이미지를 다른 머신과 공유할 수 있기 때문에 컨테이너 이식성을 활용한 운영이 가능합니다. 예를 들어 빌드용 머신에서 작성한 이미지를 테스트 환경 또는 서비스 환경 등에서 실행하거나 팀 간에 공유해서 재사용할 수 있습니다.

이미지는 **레지스트리**라고 부르는 이미지 배포용 서버를 통해서 다른 호스트와 공유합니다.

▼ 그림 2-5 레지스트리를 사용한 이미지 배포(도커 허브)

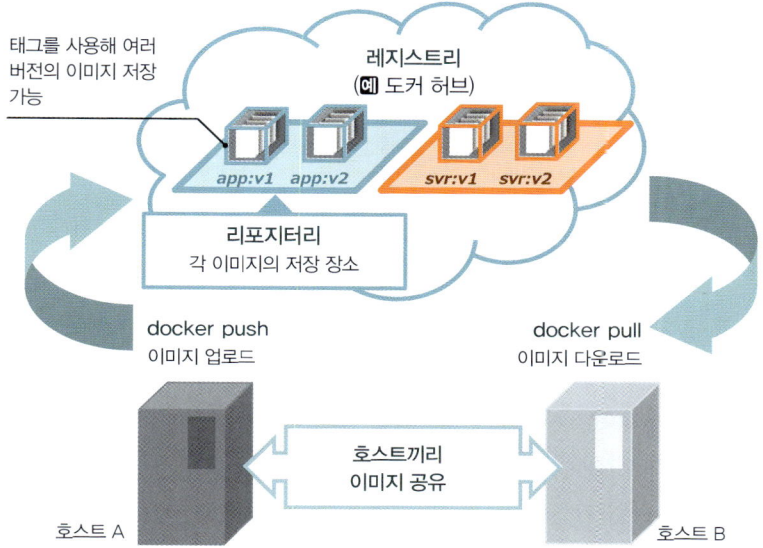

주요 클라우드 제공업체[5, 6, 7]를 포함해 다양한 레지스트리 서비스가 있지만 그 중에 가장 대표적인 것이 도커가 운영하는 **도커 허브**[8]입니다. 도커 허브에 등록한 사용자는 **리포지터리**(이미지 저장 장소)를 도커 허브에 작성할 수 있습니다. 리포지터리에는 여러 이미지를 저장할 수 있고 각각의 이미지는 **태그**(tag) 문자열로 구분합니다.

앞의 예제에서 `myimage:v1` 이미지를 작성했는데 `myimage`가 리포지터리명, `v1`이 리포지터리에서 구체적인 이미지를 가리키는 태그입니다. 이런 방식으로 리포지터리에 존재하는 다양한 이미지와 버전을 관리할 수 있습니다.

---

5 Google Artifact Registry: https://cloud.google.com/artifact-registry
6 Azure Container Registry: https://azure.microsoft.com/ko-kr/products/container-registry
7 Amazon Elastic Container Registry: https://aws.amazon.com/ko/ecr
8 https://hub.docker.com

이 절에서는 작성한 myimage:v1 이미지를 도커 허브에 저장하겠습니다. 실습하기 전에 도커 허브 홈페이지에 있는 공식 문서에 따라 사용자 등록을 끝내고 호스트에서 로그인하기 바랍니다. 업로드 실습은 실제로 작성한 이미지를 웹을 통해서 공개 상태로 업로드하기 때문에 실수하지 않도록 주의해야 합니다.

그러면 작성한 이미지 myimage:v1을 도커 허브에 저장해봅시다.

우선 이미지 이름을 변경해야 합니다. 도커 허브 계정의 사용자명을 슬래시(/)로 구분해서 이미지 이름의 정해진 위치에 포함해야 합니다.

예를 들어 저의 도커 허브 계정은 ktokunaga이므로 이미지를 도커 허브에서 사용하려면 ktokunaga/myimage:v1 형식의 이미지 이름을 사용해야 합니다. 이것으로 'ktokunaga 사용자의 myimage 리포지터리에 v1 태그를 부여한 이미지'라고 알 수 있기 때문에, 수많은 사용자가 있는 도커 허브에서 자신의 이미지를 특정할 수 있습니다.

이미지에 새로운 이름을 부여하려면 예제 2-8의 ❶처럼 docker tag 명령어를 사용합니다. 명령어 인수에 기존 이미지 이름(myimage:v1)과 새로운 이미지 이름(ktokunaga/myimage:v1)을 지정하고 명령어를 실행해서 이미지에 새로운 이름을 부여합니다. 예제 2-8의 ❷처럼 docker image ls 명령어로 이름이 올바르게 부여되었는지 확인할 수 있습니다.

예제 2-8 컨테이너 이미지에 새로운 이름 부여하기

```
$ docker tag myimage:v1 ktokunaga/myimage:v1        ❶
$ docker image ls ktokunaga/myimage:v1              ❷
REPOSITORY          TAG    IMAGE ID       CREATED         SIZE
ktokunaga/myimage   v1     5e3651f223dd   4 minutes ago   77.8MB
```

레지스트리가 도커 허브가 아니라면 이미지 이름에 레지스트리명도 포함해야 합니다. 예를 들어 깃허브 컨테이너 레지스트리(GitHub Container Registry)의 이미지라면 ghcr.io/ktock/myimage:v1처럼 레지스트리명(ghcr.io)을 포함합니다. 이미지 이름에 관련된 자세한 규칙은 레지스트리 서비스마다 조금

씩 다릅니다. 사용하는 레지스트리 서비스에 따라 적절한 이미지 이름을 사용합니다.

그러면 이 이미지를 도커 허브에 업로드합시다. 컨테이너 기술을 다룰 때는 일반적으로 레지스트리에 업로드, 다운로드한다는 말 대신에 레지스트리에 **푸시**(push), **풀**(pull)한다고 말합니다. 이 책에서도 앞으로 푸시와 풀이라고 표현하겠습니다. 레지스트리에 이미지를 푸시하려면 docker push 명령어를 사용합니다(예제 2-9).

예제 2-9 docker push 명령어로 이미지를 도커 허브에 저장하기

```
$ docker push ktokunaga/myimage:v1
The push refers to repository [docker.io/ktokunaga/myimage]
1337f23cf6a7: Pushed
256d88da4185: Pushed
v1: digest: sha256:d3a99b502683193e35a4cda4ce71d43942feedf70de96641a9bdbd496cd44631
size: 736
```

도커 허브에서 자신이 관리하는 리포지터리 관리 화면에 접속하면 그림 2-6처럼 푸시한 이미지가 저장된 것을 볼 수 있습니다.

▼ **그림 2-6** 도커 허브의 리포지터리 관리 화면

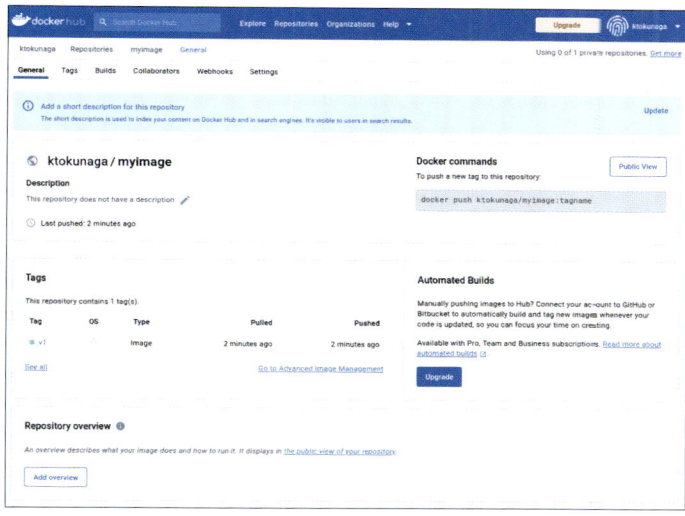

이렇게 레지스트리에 저장한 이미지는 다른 호스트에서 풀할 수 있습니다. 이미지 풀 작업은 예제 2-10처럼 docker pull 명령어를 사용합니다. 이렇게 가져온 이미지는 docker run 명령어로 실행할 수 있으며, 앞에서 설명한 방식과 동일하게 컨테이너를 구동할 수 있습니다.

이러한 과정으로 한 번 작성한 이미지 myimage:v1을 레지스트리에 푸시하거나 다른 호스트에서 풀해서 다양한 환경에서 공유할 수 있습니다.

예제 2-10 도커 허브에서 이미지 풀 작업 후 실행하기

```
$ docker pull ktokunaga/myimage:v1
v1: Pulling from ktokunaga/myimage
43f89b94cd7d: Pull complete
769cc6066583: Pull complete
Digest: sha256:d3a99b502683193e35a4cda4ce71d43942feedf70dee6641a9bdbd496cd44631
Status: Downloaded newer image for ktokunaga/myimage:v1
docker.io/ktokunaga/myimage:v1
$ docker run --name mycontainer ktokunaga/myimage:v1
Hello, World!
```

2.2 다양한 컨테이너 실행 방법

도커를 사용하면 컨테이너를 다양한 방법으로 실행할 수 있습니다. 이 절에서는 그중에서도 자주 쓰는 실행 방법을 간단히 소개하겠습니다.

2.2.1 호스트와 컨테이너의 파일 공유와 데이터 유지

앞에서 설명한 것처럼 컨테이너 루트 파일시스템은 호스트와 따로 격리된 상태라서, 컨테이너 내부에서 다른 컨테이너나 호스트 파일이 보이지 않습니다. 그리고 컨테이너를 종료 또는 삭제하면 해당 루트 파일시스템에 기록된 내용도 사라집니다.

따라서 도커는 호스트와 컨테이너 사이에 데이터를 공유하거나 데이터를 계속 유지하는 기능을 제공합니다. 호스트의 파일을 컨테이너와 공유하거나, 컨테이너에서 작성한 파일을 다른 컨테이너와 공유하거나, 컨테이너 재작성 후에도 파일을 계속 저장하는 등 여러 가지 활용법이 있습니다.

바인드 마운트(Bind mount)[9]는 호스트의 파일 또는 디렉터리를 컨테이너에 마운트하는 기능으로 `docker run`의 `-v` 플래그[10]로 사용할 수 있습니다(예제 2-11, 그림 2-7). 플래그 인수는 호스트의 파일 또는 디렉터리, 컨테이너 내부의 마운트 포인트(호스트 데이터가 연결될 디렉터리), 마운트 옵션을 콜론(:)으로 구분해서 지정합니다.

---

[9] https://docs.docker.com/engine/storage/bind-mounts
[10] `--volume` 플래그(-v와 인수 형태가 같음) 또는 `--mount` 플래그(-v와 인수 형태가 다름)도 바인드 마운트에 사용할 수 있습니다.

▼ 그림 2-7 바인드 마운트와 볼륨

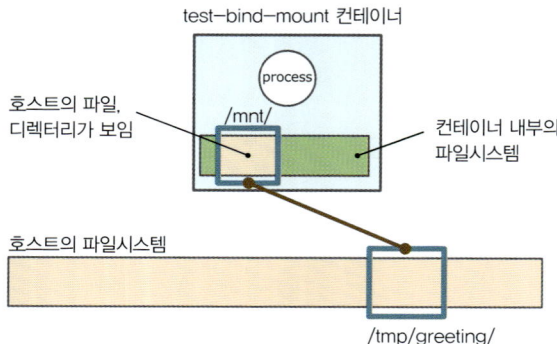

바인드 마운트

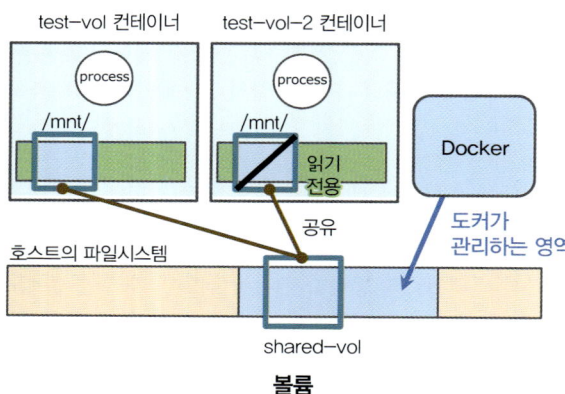

볼륨

예제 2-11 호스트와 디렉터리를 공유하는 컨테이너 실행

```
$ mkdir /tmp/greeting/
$ echo "Hello!" > /tmp/greeting/from-host
$ docker run -it --name test-bind-mount -v /tmp/greeting/:/mnt/:ro
ubuntu:22.04 /bin/bash
root@ddb78a785655:/# cat /mnt/from-host    호스트와 공유된 디렉터리에 접근 가능
Hello!
```

예제 2-11의 -v /tmp/greeting/:/mnt/:ro 플래그는 호스트 디렉터리 /tmp/greeting/을 컨테이너의 /mnt/에 읽기 전용(ro)으로 마운트합니다(마운트 플래그를 지정하지 않으면 읽고 쓰기 가능 상태가 됩니다). 실제로 컨테이너에서 /mnt/from-host를 확인하면 호스트에서 작성한 파일을 볼 수 있습니다.

마지막으로 셸에서 Ctrl + D 로 빠져나와서 컨테이너를 종료하고 삭제합니다(예제 2-12).

예제 2-12 컨테이너 정지와 삭제

```
$ docker stop test-bind-mount
test-bind-mount
$ docker rm test-bind-mount
test-bind-mount
```

도커의 **볼륨 기능**[11]을 사용하면 컨테이너끼리 파일과 디렉터리를 공유하거나, 볼륨에 기록한 내용을 컨테이너 삭제 후에도 유지할 수 있습니다. 볼륨과 바인드 마운트는 사실상 비슷한 방식으로 호스트의 스토리지를 컨테이너에서 사용할 수 있습니다. 볼륨을 사용한다면 docker volume 명령어로 이름을 붙여서 관리할 수 있습니다(그림 2-7).

볼륨 기능도 마찬가지로 -v 플래그로 사용할 수 있습니다.[12] 사용 방법은 바인드 마운트와 비슷하지만, 볼륨을 사용한다면 호스트 파일(디렉터리) 경로가 아니라 사용할 볼륨명을 지정합니다. 예제 2-13은 -v shared-vol:/mnt/ 플래그로 shared-vol 볼륨을 작성하고 컨테이너 /mnt/ 경로에 읽고 쓰기 가능 상태로 마운트합니다. shared-vol 볼륨을 통해서 컨테이너는 데이터를 다른 컨테이너와 공유할 수 있습니다.

---

[11] https://docs.docker.com/engine/storage/volumes
[12] --volume 플래그(-v와 인수 형태가 같음) 또는 --mount 플래그(-v와 인수 형태가 다름)도 볼륨에 사용할 수 있습니다.

예제 2-13 볼륨을 연결한 컨테이너 실행

```
$ docker run -it --name test-vol -v shared-vol:/mnt/ ubuntu:22.04 /bin/bash
root@5e606e0776cd:/# echo "Hello!" > /mnt/hello    shared-vol 볼륨으로 다
른 컨테이너와 공유 가능
root@5e606e0776cd:/# echo "test" > /test     해당 컨테이너 안에서만 보임
```

예제 2-13에서는 볼륨에 Hello! 문자열을 파일로 출력하는데 이 파일은 동일한 shared-vol 볼륨을 사용하는 다른 컨테이너에서 읽을 수 있습니다. 그리고 공유 볼륨 이외의 경로에 작성한 데이터는 다른 컨테이너와 공유하지 않습니다. 따라서 여기에 /test 파일을 작성해도 이 파일은 다른 컨테이너에서 보이지 않습니다.

실제로 컨테이너끼리 볼륨을 공유할 수 있는지 확인하기 위해서 다른 터미널에서 shared-vol 볼륨을 사용하는 새로운 컨테이너를 실행합니다(예제 2-14). 볼륨 플래그는 -v shared-vol:/mnt/:ro인데 세 번째 항목에 ro 옵션을 지정해서 읽기 전용 볼륨을 컨테이너 /mnt에 마운트합니다.

예제 2-14 볼륨을 공유하는 컨테이너 실행

```
$ docker run -it --name test-vol-2 -v shared-vol:/mnt/:ro ubuntu:22.04 /bin/bash
root@3abcc0f7008b:/# cat /mnt/hello    test-vol 컨테이너에서 shared-vol 볼륨
에 작성한 파일 읽기
Hello!
root@3abcc0f7008b:/# cat /test    볼륨 이외의 디렉터리는 test-vol-2 컨테이너 전용
cat: /test: No such file or directory
root@3abcc0f7008b:/# echo hi > /mnt/hi   ro 플래그로 마운트한 볼륨은 쓰기 불가능
bash: /mnt/hi: Read-only file system
```

실제로 /mnt/hello 파일을 확인해보니 다른 컨테이너에서 작성한 파일이지만 새로운 컨테이너에서도 확인할 수 있습니다. 하지만 볼륨 이외의 파일은 다른 컨테이너와 격리된 상태이므로 다른 컨테이너 test-vol에서 작성한(예제 2-13) /test 파일이 test-vol-2 컨테이너에는 존재하지 않습니다.

마지막으로 셸에서 Ctrl + D로 빠져나와서 컨테이너를 종료하고 삭제합니다(예제 2-15).

예제 2-15 컨테이너 종료 및 삭제

```
$ docker stop test-vol test-vol-2
test-vol
test-vol-2
$ docker rm test-vol test-vol-2
test-vol
test-vol-2
```

예제 2-16 작성한 볼륨 표시

```
$ docker volume ls
DRIVER     VOLUME NAME
local      shared-vol
생략
```

작성한 볼륨은 도커가 관리하기 때문에 docker volume ls 명령어를 실행해서 볼륨 목록을 확인하면 실제로 예제에서 작성한 볼륨이 표시됩니다(예제 2-16). 그 외에도 docker volume에는 다양한 하위 명령어가 있어서 볼륨 작성 및 삭제 등 볼륨에 관련된 다양한 조작을 할 수 있습니다.

작성한 볼륨을 삭제하는 명령어는 docker volume rm입니다(예제 2-17).

예제 2-17 볼륨 삭제

```
$ docker volume rm shared-vol
shared-vol
```

이처럼 바인드 마운트와 볼륨 기능을 사용하면 파일시스템이 격리된 컨테이너에서 호스트나 컨테이너끼리 데이터를 공유하거나 컨테이너 종료 후에도 데이터를 계속 유지할 수 있습니다. 더 자세한 정보는 공식 문서를 확인하기 바랍니다.[13]

---

[13] https://docs.docker.com/engine/storage/bind-mounts,
https://docs.docker.com/engine/storage/volumes

2.2.2 컨테이너 포트를 호스트에서 공개하기

컨테이너에는 호스트와 독립된 네트워크 인터페이스를 부여해서 호스트와 다른 IP 주소를 할당합니다. 따라서 기본적으로 컨테이너는 호스트의 포트를 사용해서 통신을 대기할 수 없습니다.

도커는 컨테이너의 특정 포트를 호스트 쪽 포트와 연결해 호스트에서 컨테이너 포트를 공개하는 기능이 있습니다.[14] 이 기능은 서버처럼 네트워크를 사용해서 요청 처리를 받는 애플리케이션을 컨테이너로 실행할 때 편리하게 쓸 수 있습니다. 예를 들어 예제 2-18에서는 포트 공개 기능을 사용해 컨테이너에서 실행한 nginx 서버가 호스트의 포트에서 접속을 대기하고 있습니다(그림 2-8). 그리고 -d 플래그로 컨테이너를 백그라운드로 실행하고 있습니다.

포트 공개 기능은 -p 플래그(--publish)로 지정할 수 있습니다. 이 플래그는 인수로 사용할 호스트의 IP 주소, 호스트 포트 번호, 컨테이너의 포트 번호를 콜론(:) 구분자로 지정합니다.[15] 예제 2-18에서는 컨테이너 내부에서 실행된 nginx 서버가 접속 대기 중인 컨테이너의 80번 포트를 호스트 127.0.0.1:8080에 연결합니다.[16]

예제 2-18 호스트의 127.0.0.1:8080을 포트 공개에 사용하는 nginx 컨테이너 실행

```
$ docker run -d --name nginx-sample -p 127.0.0.1:8080:80 nginx:1.25
d70a66871e67ad572b40680cbb50d99a8d1be4d2c159e7fbe2165b571470131b
$ curl 127.0.0.1:8080            컨테이너와 연결된 호스트의 포트를 통해서 컨테
                                 이너 내부에 실행된 nginx와 접속 가능
<!DOCTYPE html>
<html>
<head>
<title>Welcome to nginx!</title>
<style>
```

---

[14] https://docs.docker.com/engine/network/#published-ports
[15] 기본값은 TCP 포트 공개이지만 -p 플래그에 /udp 프로토콜 설정을 추가하면 UDP 포트를 공개할 수 있습니다.
[16] 도커는 포트를 연결할 IP 주소 지정(예제는 127.0.0.1)을 생략하면 호스트 외부에서의 통신도 허용하므로 주의해야 합니다. 보안 문제가 생길 수 있기 때문입니다.

```
html { color-scheme: light dark; }
body { width: 35em; margin: 0 auto;
font-family: Tahoma, Verdana, Arial, sans-serif; }
</style>
</head>
<body>
<h1>Welcome to nginx!</h1>
<p>If you see this page, the nginx web server is successfully installed
and working. Further configuration is required.</p>

<p>For online documentation and support please refer to
<a href="http://nginx.org/">nginx.org</a>.<br/>
Commercial support is available at
<a href="http://nginx.com/">nginx.com</a>.</p>

<p><em>Thank you for using nginx.</em></p>
</body>
</html>
$ docker stop nginx-sample
nginx-sample
$ docker rm nginx-sample
nginx-sample
```

▼ 그림 2-8 포트 공개

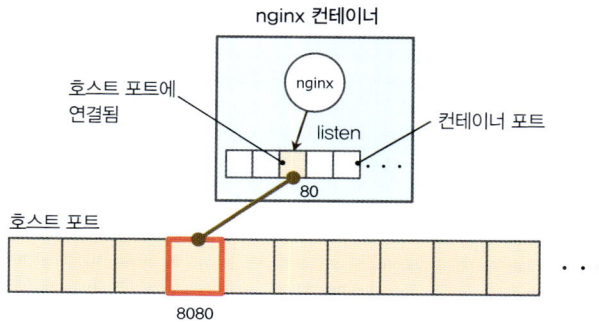

127.0.0.1:8080에 접속하면 도커를 통해서 nginx 컨테이너의 80번 포트로 요청이 전달되기 때문에, 실제로 curl 명령어로 127.0.0.1:8080에 요청을 보내면 nginx에서 응답을 받을 수 있습니다.

-p 플래그의 완전한 사용법과 도커 네트워크 관리 기능은 공식 문서를 참조하기 바랍니다.[17]

2.2.3 컴포즈: 여러 컨테이너를 한꺼번에 관리하기

컴포즈(Compose)는 하나의 머신에서 연관된 여러 컨테이너를 한꺼번에 관리하는 기능입니다. docker 명령어는 컨테이너 1개를 대상으로 조작하는 기능을 제공하지만, 컴포즈를 사용하면 여러 대의 컨테이너를 실행하고 정지하는 조작을 명령어 1개로 합칠 수 있습니다. 컴포즈는 머신 1대가 대상이지만, 다음 장에서 설명하는 쿠버네티스는 여러 대의 머신으로 구성된 분산 환경에서 컨테이너를 관리할 때 사용합니다.

하나로 묶어서 관리하고 싶은 컨테이너들의 각 실행 설정을 YAML 형식의 **컴포즈 파일**[18]로 작성합니다. 설정 항목에는 docker run 명령어 플래그와 마찬가지로 컨테이너에서 사용하는 볼륨과 포트 공개 설정 등도 포함됩니다.

docker compose 명령어를 컴포즈 파일과 함께 사용해서 컨테이너 그룹을 한꺼번에 Build, Ship, Run할 수 있습니다.[19]

- docker compose build: 컴포즈 파일에 지정한 빌드를 실행합니다.
- docker compose up: 컴포즈 파일에 기록된 컨테이너를 가동합니다.
- docker compose down: 컴포즈 파일에 기록된 컨테이너를 정지하고 삭제합니다.

---

[17] https://docs.docker.com/engine/network/#published-ports
[18] https://docs.docker.com/reference/compose-file
[19] 이전 버전에서는 컴포즈 기능을 docker-compose(도커와 컴포즈 사이에 하이픈이 있습니다)라는 전용 명령어로 제공했습니다. 이것이 컴포즈 V1입니다. 그리고 이 책에서 다루는 docker compose 명령어(도커와 컴포즈 사이에 하이픈이 없습니다)는 컴포즈 V2입니다. 컴포즈 V1은 2023년 7월로 지원이 종료되었기 때문에 앞으로는 도커 명령어에 통합된 docker compose(컴포즈 V2)를 사용합니다. https://docs.docker.com/compose/releases/migrate

예제 2-19의 컴포즈 파일은 워드프레스(WordPress)[20] 서버를 실행하는 컨테이너(wordpress)와 서버에서 사용하는 데이터베이스 마리아DB(MariaDB)[21]를 실행하는 컨테이너(db)를 컴포즈로 하나로 묶어서 관리합니다(그림 2-9). 최상위 단계에 services 요소를 작성하고 그 밑에 서비스로 실행할 컨테이너들의 실행 관련 설정을 작성합니다. wordpress 컨테이너는 wordpress:6.3 이미지를 실행합니다. db 컨테이너는 마리아DB(mariadb:11.1)를 실행합니다. wordpress 컨테이너는 db 컨테이너에 서비스명(db)을 호스트명으로 사용해서 접속할 수 있기 때문에 환경 변수 WORDPRESS_DB_HOST에 db를 지정하면 워드프레스가 마리아DB에 접속해서 데이터베이스를 사용할 수 있습니다.

예제 2-19 컴포즈 파일 작성

```
$ mkdir wordpress
$ cd wordpress
$ cat <<EOF > compose.yml
services:
  wordpress:            wordpress 컨테이너 정의
    image: wordpress:6.3
    restart: always
    ports:
      - 127.0.0.1:8080:80    컨테이너 포트를 호스트에 연결
    environment:         환경 변수 지정
      WORDPRESS_DB_HOST: db
      WORDPRESS_DB_USER: exampleuser
      WORDPRESS_DB_PASSWORD: examplepass
      WORDPRESS_DB_NAME: exampledb
    volumes:
      - wordpress:/var/www/html    볼륨을 컨테이너에 마운트
  db:              db 컨테이너 정의
    image: mariadb:11.1
    restart: always
    environment:         환경 변수 지정
      MYSQL_DATABASE: exampledb
```

[20] https://hub.docker.com/_/wordpress
[21] https://hub.docker.com/_/mariadb

```
      MYSQL_USER: exampleuser
      MYSQL_PASSWORD: examplepass
      MYSQL_RANDOM_ROOT_PASSWORD: '1'
    volumes:
      - db:/var/lib/mysql    볼륨을 컨테이너에 마운트
 volumes:                  각 컨테이너가 사용하는 볼륨 정의
   wordpress:
   db:
 EOF
```

각 컨테이너는 각각 최상위 단계 요소인 volumes에 정의된 볼륨을 사용합니다. wordpress 볼륨은 wordpress 컨테이너의 /var/www/html에 마운트되고, db 볼륨은 db 컨테이너의 /var/lib/mysql에 마운트됩니다.

▼ 그림 2-9 컴포즈

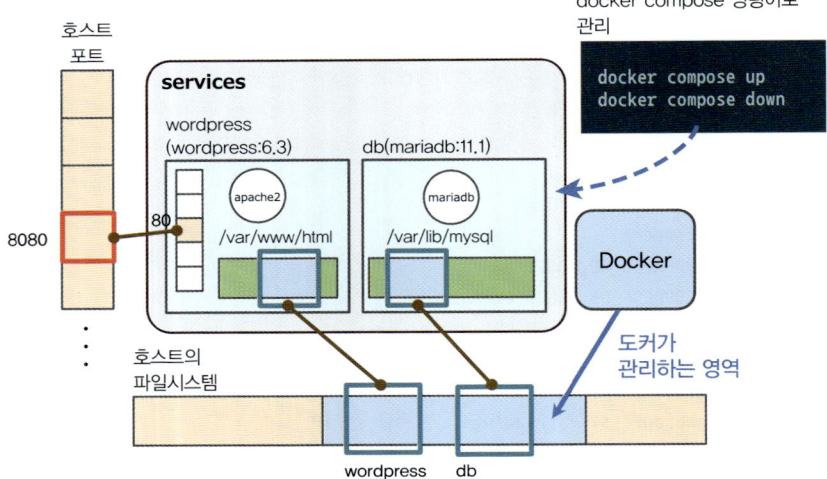

ports 설정을 보면 wordpress 컨테이너의 80번 포트가 호스트의 127.0.0.1:8080에 연결된 상태로 외부에 공개됩니다.

예제 2-20처럼 컴포즈 파일을 compose.yml 파일명으로 빈 디렉터리에 저장합니다.[22] 그리고 이 디렉터리에서 docker compose up 명령어를 실행하면 컴포즈 파일에 기록된 컨테이너가 가동됩니다. -d 플래그를 지정하면 백그라운드로 가동됩니다.

예제 2-20 컴포즈로 컨테이너를 한꺼번에 가동하기

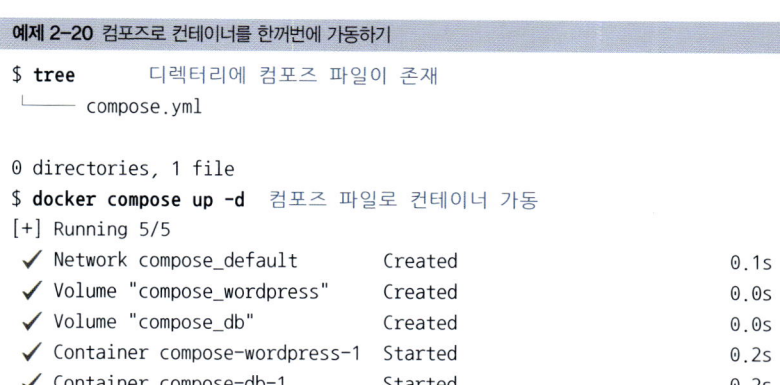

▼ 그림 2-10 컴포즈로 가동한 워드프레스에 접속

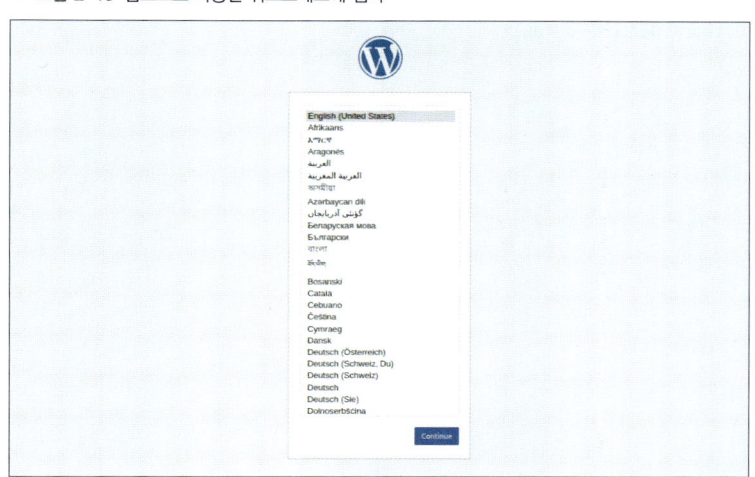

---

[22] 역주 인터넷 등에서 도커 컴포즈 관련 내용을 보면 docker-compose.yml 파일을 자주 보는데 컴포즈 v1 시절에 사용하던 파일명입니다. v2는 compose.yaml 파일명 사용을 추천합니다. 도커 컴포즈를 실행하면 기본값으로 compose.yaml, compose.yml, docker-compose.yaml, docker-compose.yml 순서대로 파일이 있는지 찾아서 사용합니다.

wordpress 컨테이너의 80번 포트는 호스트의 127.0.0.1:8080에 연결됩니다. 그림 2-10처럼 브라우저에서 http://127.0.0.1:8080에 접속하면 컨테이너로 가동된 워드프레스에 실제로 접속할 수 있습니다.

마지막으로 docker compose down 명령어를 실행하면 컴포즈 파일에 기록된 컨테이너를 종료하고 삭제합니다(예제 2-21). -v 플래그도 지정해서 볼륨도 삭제합니다.

이와 같이 컴포즈 기능을 사용하면 머신 1대에서 다수의 컨테이너를 한꺼번에 관리할 수 있습니다. 여기서 다루지 않은 빌드나 네트워크 관련 등 다양한 컴포즈 설정 방법은 공식 문서를 참조하기 바랍니다.[23]

예제 2-21 컴포즈로 컨테이너를 한꺼번에 종료하기

```
$ docker compose down -v
[+] Running 5/5
 ✓ Container compose-wordpress-1    Removed         1.2s
 ✓ Container compose-db-1           Removed         10.1s
 ✓ Volume compose_db                Removed         0.0s
 ✓ Volume compose_wordpress         Removed         0.0s
 ✓ Network compose_default          Removed         0.3s
```

---

[23] https://docs.docker.com/compose

2.3 도커파일

도커파일(Dockerfile)은 컨테이너 이미지 작성 절차를 기록한 파일입니다. docker build에 도커파일을 지정하면 도커는 도커파일에 적힌 절차대로 이미지를 작성합니다. 이 절에서는 도커파일 개요에 대해 설명하겠습니다.

2.3.1 도커파일 기본 문법

도커파일 문법은 간단합니다. 도커파일이 지원하는 **명령**(Instruction)을 다음과 같은 형식으로 줄 단위로 작성합니다.

```
명령 인수
```

도커 같은 이미지 빌드 도구는 각 줄에 기록된 명령을 앞에서부터 순서대로 실행해서 이미지를 작성합니다. 이미지 빌드는 FROM 명령으로 시작합니다. 앞으로 작성할 이미지의 기반이 되는 **베이스 이미지**(base image)를 지정하는 명령입니다. FROM 명령 뒤에 오는 명령들은 기반 이미지의 루트 파일시스템을 변경하거나 실행할 때 설정 관련 내용을 작성합니다.

이미지는 컨테이너 루트 파일시스템과 실행 시 설정(실행 명령어나 사용자 등)을 하나로 묶은 것입니다. 도커파일 각 줄의 명령은 이런 내용을 변경합니다. 책에서 사용하는 대표적인 명령은 다음과 같습니다. 그 외의 명령은 공식 문서를 확인하기 바랍니다.[24]

---

[24] https://docs.docker.com/reference/dockerfile

- COPY 명령: 컨텍스트 등에서 이미지로 파일을 복사합니다(루트 파일시스템 변경).
- RUN 명령: 이미지에서 셸 명령어를 실행합니다(루트 파일시스템 변경).
- ENV 명령: 후속 명령이나 빌드된 이미지를 실행할 때 설정할 환경 변수를 지정합니다(실행 시 설정 관련 변경).
- ENTRYPOINT 명령: 이미지를 컨테이너로 실행할 때 컨테이너 내부에서 실행할 명령어를 지정합니다(실행 시 설정 관련 변경).

이 절에서도 예제 이미지를 작성해봅니다. 2.1절의 예제보다 조금 더 고급스럽게 아스키 아트 형태로 Hello, World!을 출력하는 이미지를 작성하겠습니다. 셸에서 아스키 아트를 출력할 때 편리한 figlet 명령어[25]를 사용합니다. 예제 2-22처럼 빌드에 사용할 컨텍스트는 2.1절 예제와 마찬가지로 셸 스크립트만 포함합니다. 저장할 셸 스크립트도 2.1절과 비슷하지만, echo 명령어 대신에 figlet 명령어를 써서 문자열을 아스키 아트로 출력하는 점이 다릅니다.

예제 2-22 figlet을 사용한 스크립트의 컨텍스트 작성

```
$ mkdir hello
$ cat <<EOF > ./hello/hello.sh
#!/bin/bash
set -eu
figlet "Hello, World!"
exec sleep infinity
EOF
$ chmod +x ./hello/hello.sh
```

코드 2-1은 예제에서 사용하는 Dockerfile입니다. 예제는 FROM 명령에 FROM ubuntu:22.04를 사용합니다. 이렇게 지정하면 2.1.3절에서 설명한 대로 도커 허브에 공개된 공식 이미지 ubuntu:22.04를 도커 허브에서 풀로 가져오고 베이스 이미지로 사용합니다.

---

25 https://en.wikipedia.org/wiki/FIGlet

코드 2-1 Hello, World!를 출력하는 컨테이너를 작성하는 Dockerfile

```
FROM ubuntu:22.04
ENV DEBIAN_FRONTEND=noninteractive
RUN apt-get update && apt-get install -y figlet
COPY ./hello.sh /hello.sh
ENTRYPOINT [ "/hello.sh" ]
```

이후 도커파일의 FROM 명령 이후에 작성된 명령에 따라 명령어 실행과 컨텍스트에서 파일 복사 작업 등을 해서 베이스 이미지(ubuntu:22.04)를 차례로 변경하면서 빌드를 진행합니다(그림 2-11).

▼ 그림 2-11 도커파일로 빌드하기

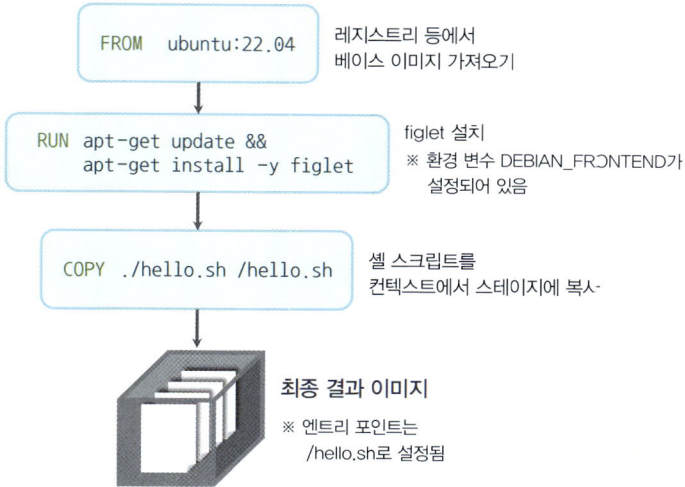

이 절의 예제에서는 다음 ❶~❺ 순서로 FROM도 포함해서 각 명령에 따라 빌드를 진행합니다.

❶ FROM 명령으로 ubuntu:22.04 이미지를 도커 허브에서 풀로 가져와서 베이스 이미지로 사용합니다.

❷ ENV 명령으로 환경 변수 DEBIAN_FRONTEND를 설정(noninteractive를 설정하면 사용자 입력을 요청하지 않음)해서 apt-get이 도커파일이 지원하지 않는 대화형 기능(다이얼로그 등)으로 실행되지 않도록 합니다.

❸ RUN 명령으로 베이스 이미지에서 apt-get 명령어를 실행해서 figlet을 설치합니다.

❹ COPY 명령으로 컨텍스트에서 hello.sh를 복사합니다.

❺ ENTRYPOINT 명령으로 컨테이너를 가동하면 hello.sh를 실행하도록 설정합니다.

앞서 작성한 컨텍스트로 docker build 명령어를 사용해서 이미지를 빌드하는 모습이 예제 2-23입니다. 이미지 이름은 hello:v1로 지정합니다. docker build 명령어를 실행해서 출력 결과를 보면 도커파일에 작성한 순서대로 빌드가 진행되는 것을 알 수 있습니다.

예제 2-23에서는 docker run 명령어로 이미지를 실행합니다. 컨테이너가 출력한 아스키 아트 Hello, World!를 확인했으면 생각한 대로 이미지가 작성된 것입니다.

예제 2-23 컨텍스트와 도커파일로 이미지 빌드

```
$ tree ./hello       Dockerfile과 hello.sh를 hello 디렉터리에 저장
./hello
├── Dockerfile
└── hello.sh

0 directories, 2 files

$ docker build -t hello:v1 ./hello       이미지 빌드
[+] Building 15.9s (8/8) FINISHED                                docker:default
 => [internal] load build definition from Dockerfile                       0.0s
 => => transferring dockerfile: 194B                                       0.0s
 => [internal] load .dockerignore                                          0.0s
 => => transferring context: 2B                                            0.0s
```

```
 => [internal] load metadata for docker.io/library/ubuntu:22.04        3.3s
 => [auth] library/ubuntu:pull token for registry-1.docker.io          0.0s
 => [1/3] FROM docker.io/library/ubuntu:22.04@sha256:2b7412e6465c      0.5s
    베이스 이미지로 사용할 ubuntu:22.04 가져오기
 => => resolve docker.io/library/ubuntu:22.04@sha256:2b7412e6465c      0.2s
 => => sha256:2b7412e6465c3c7fc5bb21d3e6f1917c167 1.13k3 / 1.13kB      0.0s
 => => sha256:c9cf959fd83770dfdefd8fb42cfef0761432af3 424B / 424B      0.0s
 => => sha256:e4c58958181a5925816faa528ce959e4876 2.30k3 / 2.30kB      0.0s
 => [internal] load build context                                      0.0s
 => => transferring context: 98B                                       0.0s
 => [2/3] RUN apt-get update && apt-get install -y figlet              11.7s
    apt-get으로 figlet 설치
 => [3/3] COPY ./hello.sh /hello.sh                                    0.0s
    hello.sh를 이미지에 복사
 => exporting to image                                                 0.1s
 => => exporting layers 0.1s
 => => writing image sha256:14971829637fcf797f9e62700850a2fc0443b8b2cf2a8de01bf
                                                                       0.0s
 => => naming to docker.io/library/hello:v1                            0.0s

$ docker run --rm --name=hello1 hello:v1
  _   _   _   _           _       _   _       _   _
 | | | | |___| | |___     \ \    / /__  _ __| | __| | |
 | |_| |/ _ \ | |/ _ \     \ \/\/ / _ \| '__| |/ _` | |
 |  _  |  __/ | | (_) |     \  V  / (_) | |  | | (_| |_|
 |_| |_|\___|_|_|\___( )     \_/\_/ \___/|_|  |_|\__,_(_)
                     |/
```

2.3.2 멀티 스테이지 빌드

앞 절에서는 베이스 이미지 1개를 사용해서 빌드하는 방법을 소개했지만, 도커 파일은 다수의 FROM 명령을 사용해서 여러 종류의 빌드를 하나로 묶을 수 있습니다. 각 FROM 명령으로 시작하는 빌드 절차를 스테이지(stage)라고 합니다. 스테이지는 각각 독립적으로 빌드되고, 명령을 사용해서 스테이지끼리 연계할 수

있습니다. **멀티 스테이지 빌드**(multi-stage build)[26]는 이런 여러 스테이지를 하나의 도커파일로 작성하는 기능입니다.

멀티 스테이지 빌드는 이미지 경량화에 편리합니다. 컴파일러처럼 다양한 도구가 필요한 바이너리 빌드 작업용 스테이지와 바이너리를 실행하는 가벼운 실행용 스테이지를 따로 구성해서 빌드를 분할할 수 있습니다. 그러면 빌드 결과로 생성된 최종 이미지에는 컴파일용 도구가 포함되지 않아서 이미지 파일 크기를 많이 줄일 수 있습니다.

코드 2-2는 멀티 스테이지 빌드를 활용한 도커파일입니다(그림 2-12).

코드 2-2 멀티 스테이지 빌드를 사용한 Dockerfile

```
FROM golang:1.21.3 AS dev      소스 코드 컴파일용 스테이지
COPY . /root/hello/
RUN go build -o /hello /root/hello/hello.go

FROM scratch           컴파일 결과의 실행 파일만 포함하는 실행용 스테이지
COPY --from=dev /hello .
ENTRYPOINT [ "/hello" ]
```

---

[26] https://docs.docker.com/build/building/multi-stage/

▼ 그림 2-12 멀티 스테이지 빌드

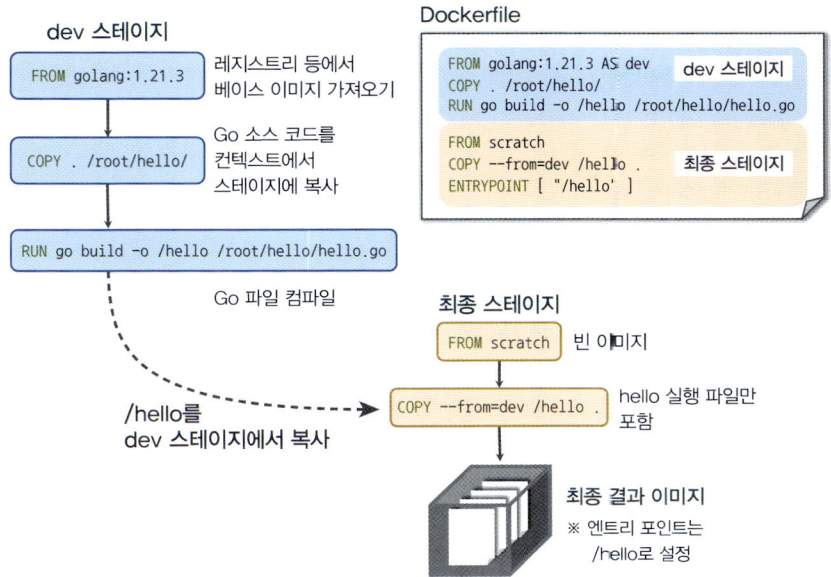

코드 2-3과 코드 2-4의 hello를 출력하고 종료하는 Go 파일을 빌드해서 컨테이너에 담습니다.

스테이지는 FROM 명령으로 시작해서 다음 FROM 명령 또는 파일 마지막 줄 사이에 작성된 빌드 절차가 해당 스테이지 범위입니다. 각 스테이지에는 FROM 이미지 이름 AS 이름 형식으로 이름을 붙여서 사용합니다. 이 예에서는 dev라는 스테이지에 Go 컴파일러가 포함되어 있고 소스 코드를 컴파일해서 실행 파일(바이너리)을 빌드합니다.

코드 2-3 hello를 출력하는 Go 소스 코드(hello.go)

```
package main

import "fmt"

func main() {
```

```
        fmt.Println("hello")     hello 출력
}
```

코드 2-4 Go 프로그램 컴파일에 필요한 패키지 관리용 go.mod 파일

```
module hello

go 1.21.3
```

스테이지끼리 파일을 공유할 수도 있습니다. 특히 자주 사용하는 기능은 COPY --from=스테이지 이름 명령인데, COPY 명령이 지정한 스테이지에서 실행될 스테이지로 파일을 복사합니다. 예제(코드 2-2)에서는 빌드한 애플리케이션 바이너리(hello)를 dev 스테이지에서 최종 스테이지로 복사합니다. 최종 스테이지의 시작 부분은 FROM scratch인데, 이렇게 지정하면 해당 스테이지는 베이스 이미지 없이 아무것도 포함하지 않은 빈 상태에서 빌드를 진행합니다. 따라서 최종 스테이지는 빌드한 hello 애플리케이션만 다른 스테이지에서 복사해서 가져온 가벼운 이미지를 작성합니다.

도커파일은 예제 2-24처럼 docker build 명령어로 빌드할 수 있습니다. 빌드한 이미지는 Go로 작성한 hello를 출력하는 프로그램이 실행됩니다.

예제 2-24 Dockerfile과 컨텍스트에서 멀티 스테이지 빌드 실시

```
$ tree .
.
├── Dockerfile
├── go.mod
└── hello.go

0 directories, 3 files
$ docker build -t hello-go .
[+] Building 29.7s (9/9) FINISHED                                docker:default
 => [internal] load build definition from Dockerfile                       0.0s
 => => transferring dockerfile: 193B                                       0.0s
 => [internal] load metadata for docker.io/library/golang:1.21.3           2.2s
 => [internal] load .dockerignore                                          0.0s
```

```
 => => transferring context: 2B                                              0.0s
 => [internal] load build context                                             0.1s
 => => transferring context: 360B                                             0.1s
 => [dev 1/3] FROM docker.io/library/golang:1.21.3@sha256:b113af1e8b06f06a18ad
                                                                             25.1s
          [dev 스테이지] 빌드에 사용하는 golang:1.21.3 이미지 가져오기
 => => resolve docker.io/library/golang:1.21.3@sha256:b113af1e8b06f06a18ad41a6b
                                                                              0.0s
 => => sha256:198068495d09b6865e75ce28d5d5d5de39897b8325ada6 63.99MB / 63.99MB
                                                                             16.3s
 => => sha256:b113af1e8b06f06a18ad41a6b331646dff587d7a4cf740f48 2.36kB / 2.36kB
                                                                              0.0s
 => => sha256:c577bd659e3ed86c350ec5e5bf18d231b4e37a07029f7014c 1.58kB / 1.58kB
                                                                              0.0s
 => => sha256:4804dcc090d8b450d7420c1a2ce51fcd0daac5a962f32cc18 7.24kB / 7.24kB
                                                                              0.0s
 => => sha256:8024d4fb53b2455f66d49b7ee72eb3cad5074043578238 49.61MB / 49.61MB
                                                                             15.8s
 => => sha256:3d826ee8aa65e56e167f0e27fa65cfc065687a7ac6c3607 23.58MB / 23.58MB
                                                                              2.6s
 => => sha256:14fa39852305e38ec3c7b1624b9e26a66fa3d77836fe42c 86.36MB / 86.36MB
                                                                              8.2s
 => => sha256:4f55b6d28cbf127cb486e9047093322362847bc870ff75 64.10MB / 64.10MB
                                                                             12.5s
 => => sha256:cf8cf4929dce8e285bc21937418c3577dcae3e3fbba847c1d431 155B / 155B
                                                                             12.7s
 => => extracting sha256:8024d4fb53b2455f66d49b7ee72eb3cad5074043578238b796a987
                                                                              1.5s
 => => extracting sha256:3d826ee8aa65e56e167f0e27fa65cfc065637a7ac6c360787d5940
                                                                              0.4s
 => => extracting sha256:198068495d09b6865e75ce28d5d5d5de39897b8325ada63ba80eca
                                                                              1.7s
 => => extracting sha256:14fa39852305e38ec3c7b1624b9e26a66fa3d77836fe42c2a00a18
                                                                              1.5s
 => => extracting sha256:4f55b6d28cbf127cb486e9047093322362847bc870ff75d54dc8da
                                                                              3.0s
 => => extracting sha256:cf8cf4929dce8e285bc21937418c3577dcae3e3fbba847c1d4315c
                                                                              0.0s
 => [dev 2/3] COPY . /root/hello/                                             0.3s
          [dev 스테이지] hello.go 소스 파일을 스테이지에 복사
 => [dev 3/3] RUN go build -o /hello /root/hello/hello.go                     1.8s
```

```
             [dev 스테이지] hello.go 파일 컴파일
 => [stage-1 1/1] COPY --from=dev /hello .                          0.0s
             [최종 스테이지] 실행 파일을 dev 스테이지에서 복사
 => exporting to image                                              0.0s
 => => exporting layers                                             0.0s
 => => writing image sha256:a621032528ee74a8489d8d598d5f1bafdc306c6a8f3d509e82b
                                                                    0.0s
 => => naming to docker.io/library/hello-go                         0.0s
$ docker run --rm hello-go       빌드한 이미지를 실행
hello
```

이제 최종 스테이지에서 작성된 이미지가 dev 스테이지보다 파일 크기가 정말로 작은지 확인합시다. 예제 2-25처럼 --target 플래그로 dev 스테이지를 지정해서 빌드하고, 빌드한 이미지에 hello-go-dev 이름을 붙입니다. 그리고 앞서 빌드한 hello-go 이미지와 비교해 보면 빌드용 의존 파일이 없는 만큼 hello-go 이미지(1.85MB)가 hello-go-dev 이미지(849MB)보다 파일 크기가 작아서 가볍습니다.

도커 v23.0.0부터 docker build의 백엔드로 사용하는 **빌드킷**(BuildKit)[27]에는 멀티 스테이지로 구성된 도커파일을 효율적으로 빌드하는 기능이 있습니다. 빌드킷은 도커파일에 기록된 명령 간의 의존 관계를 분석해서 최소한으로 필요한 스테이지만 실행하는데, 이런 실행도 가급적 병렬로 실행합니다.

예제 2-25 dev 스테이지 빌드와 이미지 크기 비교

```
$ docker build -t hello-go-dev --target dev .     dev 스테이지를 지정해서 빌드
[+] Building 1.4s (8/8) FINISHED                        docker:default
 => [internal] load build definition from Dockerfile               0.0s
 => => transferring dockerfile: 193B                                0.0s
 => [internal] load metadata for docker.io/library/golang:1.21.3    1.3s
 => [internal] load .dockerignore                                   0.0s
 => => transferring context: 2B                                     0.0s
 => [internal] load build context                                   0.0s
 => => transferring context: 84B 0.0s
```

---

27 https://github.com/moby/buildkit

```
 => [dev 1/3] FROM docker.io/library/golang:1.21.3@sha256:b1´3af1e8b06f06a18ad4
                                                                              0.0s
 => CACHED [dev 2/3] COPY . /root/hello/  0.0s
 => CACHED [dev 3/3] RUN go build -o /hello /root/hellc/hello.go    0.0s
 => exporting to image                                              0.1s
 => => exporting layers                                             0.1s
 => => writing image sha256:6564c613d409cc07568cd7be4b36dad2†5bf36ba6e72501e237
                                                                              0.0s
 => => naming to docker.io/library/hello-go-dev                     0.0s

$ docker image ls 'hello-go*'     빌드한 이미지 목록 확인
REPOSITORY      TAG        IMAGE ID        CREATED          SIZE
hello-go        latest     a621032528ee    19 hours ago     1.85MB    컴파일된
실행 파일만 포함
hello-go-dev    latest     6564c613d409    19 hours ago     849MB     컴파일된
실행 파일과 Go 컴파일러 등 빌드용 도구 포함
```

예를 들어 코드 2-5는 병렬 멀티 스테이지 빌드를 활용합니다. 이 예시는 앞에서 작성한 도커파일을 변경해서 hello 문자열을 figlet으로 멋지게 출력합니다. 이 도커파일에 있는 명령 간의 의존 관계는 그림 2-13과 같습니다.

최종 스테이지의 COPY --from=dev /hello . 명령은 dev 스테이지에서 바이너리(/hello)를 복사해서 가져옵니다. 따라서 최종 스테이지의 COPY 명령과 이후의 명령은 dev 스테이지에 의존합니다. 그렇기 때문에 빌드킷은 dev 스테이지가 완료된 후에 최종 스테이지의 COPY 명령 이후를 실행합니다.

코드 2-5 병렬화 Dockerfile 예제

```
FROM golang:1.21.3 AS dev
COPY . /root/hello/
RUN go build -o /hello /root/hello/hello.go

FROM ubuntu:22.04
ENV DEBIAN_FRONTEND=noninteractive
RUN apt-get update && apt-get install -y figlet
COPY --from=dev /hello .
ENTRYPOINT [ "/bin/sh", "-euc", "/hello | figlet" ]
```

한편, 최종 스테이지에서 COPY --from=dev /hello .보다 앞에 있는 명령 (FROM 명령과 RUN 명령)은 dev 스테이지 빌드 결과에 의존하지 않습니다. 따라서 이런 명령은 dev 스테이지와 병렬로 실행할 수 있습니다. 분석 결과에 따라 빌드킷은 dev 스테이지 실행, 최종 스테이지 ubuntu:22.04 이미지 가져오기, figlet 설치를 병렬로 실행합니다. 이처럼 빌드킷은 도커파일에 작성된 명령의 의존 관계를 분석해서 의존 관계가 없는 명령은 최대한 병렬로 실행해서 빌드 시간을 단축합니다.

▼ 그림 2-13 도커파일 내 명령의 의존 관계와 병렬화

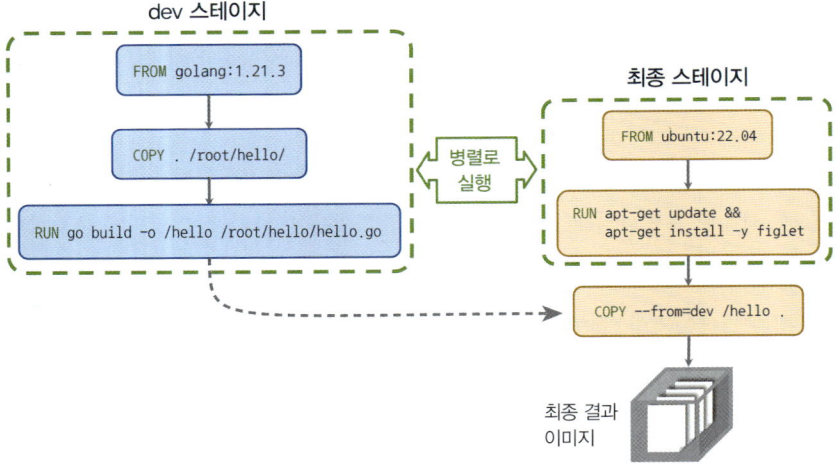

그리고 빌드킷은 여러 아키텍처에서 실행할 수 있는 멀티 플랫폼 이미지를 작성하거나, 쿠버네티스에서 빌드를 실행하는 기능처럼 이미지 빌드와 관련된 다양한 기능을 제공합니다. 더 자세한 내용은 공식 문서를 참조하기 바랍니다.[28]

---

[28] https://docs.docker.com/build

2.4 컨테이너 레이어 구조

도커로 컨테이너를 다룰 때 컨테이너 이미지와 그 이미지에서 실행된 컨테이너의 구조가 어떻게 구성되는지 잘 알고 있으면 컨테이너를 더욱 쉽게 다룰 수 있습니다.

이 절에서는 이미지가 컨테이너의 루트 파일시스템 데이터를 저장하는 방법과 이것이 이미지 빌드와 컨테이너 실행에 어떤 영향을 주는지 자세히 설명하겠습니다.

2.4.1 컨테이너 이미지의 레이어 구조

컨테이너를 다룰 때 기억해야 할 중요한 개념은, 컨테이너란 **변경 사항의 집합**이라는 점입니다(그림 2-14).

▼ 그림 2-14 컨테이너의 레이어 구조

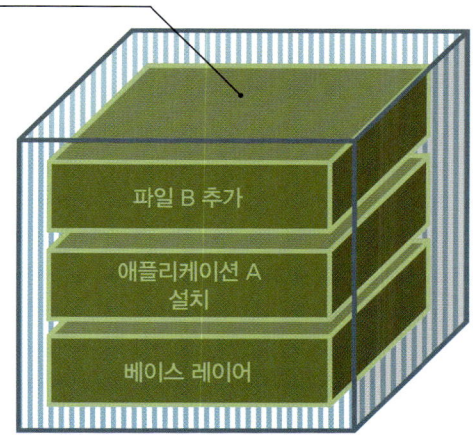

레이어(변경 사항)
컨테이너는 변경 사항의 집합으로 다룸

예를 들어 2.1절의 myimage:v1 이미지 빌드를 생각해봅시다. 기존의 ubuntu:22.04 이미지를 바탕으로 Hello, World!를 출력하는 셸 스크립트를 새로 추가해서 myimage:v1 이미지를 만들었습니다. 컨테이너는 파일 추가, 삭제, 수정 같은 변경 작업 내용을 하나로 모은 집합이고, 이런 변경 사항을 **레이어**(layer)라고 부릅니다. 컨테이너는 전체 작업 흐름에 따라 만들어진 레이어를 하나로 모은 집합체라고 할 수 있습니다.

그림 2-15처럼 컨테이너 이미지는 아무것도 없는 빈 상태에서 시작해서 차츰차츰 추가되는 변경 사항(레이어)을 모아 놓은 것입니다.

▼ 그림 2-15 컨테이너 레이어 구조와 작업 흐름

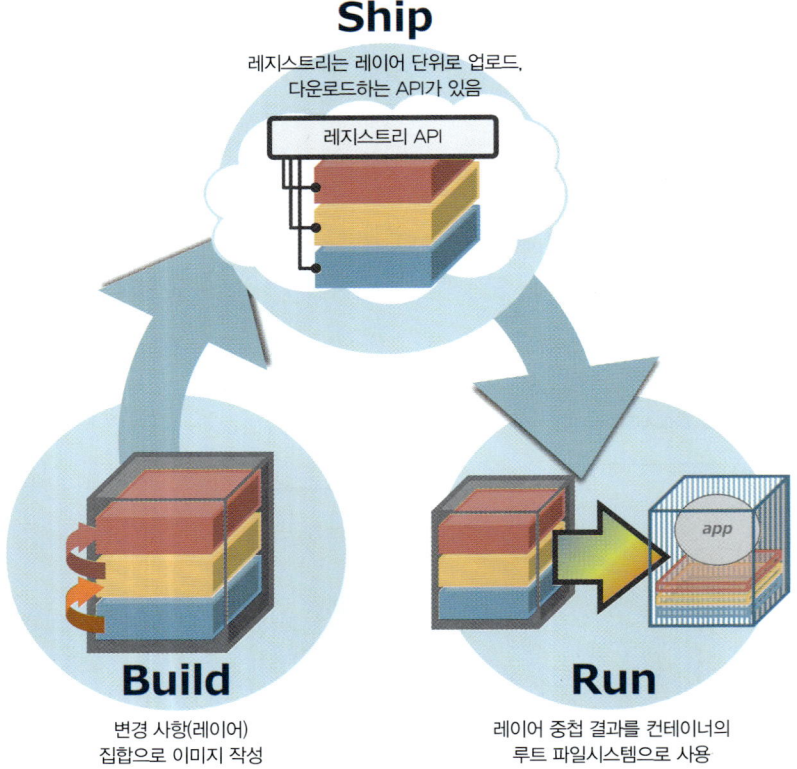

또한 해당 이미지에서 컨테이너를 실행하면 실행 환경의 파일시스템이 텅 빈 상태에서 시작해 레이어를 차례로 적용한 결과로 만들어진 파일들을 루트 파일 시스템으로 사용합니다. 레지스트리도 레이어 단위로 이미지 데이터를 업로드하거나 다운로드하는 API가 있습니다.

2.4.2 컨테이너 이미지 내부 내용 보기

지금부터 컨테이너가 레이어 집합이 맞는지 실제로 이미지를 분석해 직접 알아보겠습니다. 이 절에서 소개하는 이미지 구조는 moby 커뮤니티에서 정의한 **도커 이미지 규격**(Docker Image Specification) 1.2[29]입니다. OCI가 정한 이미지 규격[30]은 도커 규격과 조금 차이가 있지만 컨테이너를 레이어 집합으로 취급하는 점에서 기본적인 구조는 똑같습니다. 궁금하신 분은 함께 참고하기 바랍니다. 이 절에서는 도커 24 버전을 사용합니다. 도커 25 이후 버전은 이미지 구조 면에서 차이가 있으므로 이 장 후반부의 2.7절을 참고하기 바랍니다.

먼저 2.1절에서 작성한 myimage:v1을 docker save 명령어를 사용해서 적당한 디렉터리에 저장합니다(예제 2-26의 ❶). 이 명령어는 도커가 관리하는 컨테이너 이미지를 tar 형식으로 출력하는 명령어입니다. 이 예제에서는 이미지를 dumpimage 디렉터리에 저장합니다.

예제 2-26 도커 이미지 분석(디렉터리명은 다를 수 있습니다)

```
$ mkdir dumpimage
$ docker save myimage:v1 | tar -xC ./dumpimage    ❶
$ tree ./dumpimage    ❷
./dumpimage
├── 2ff43702bbf2ca08b5bc62d957b58da255ac0b9689cdee584dac9c88adfabae5
│   ├── json
```

---

29 https://github.com/moby/moby/tree/v24.0.6/image/spec
30 OCI의 이미지 규격 OCI Image Specification은 4장에서도 설명합니다. https://github.com/opencontainers/image-spec

```
|       ├── layer.tar
|       └── VERSION
├── 5e3651f223dd3eae507cc0251c71fbb3fa91eeaa5442a053385e921a126c613e.json
├── 9c78f74ad967b8929d1515b5f4ded20539f46fd7147fc56e9d15470427a5fa54
|       ├── json
|       ├── layer.tar
|       └── VERSION
├── manifest.json
└── repositories

2 directories, 9 files
```

예제 2-26의 ❷는 이미지에 포함된 데이터(파일) 목록을 tree 명령어로 표시합니다. 이미지에 포함된 파일은 다음과 같이 분류할 수 있습니다.

- 컨테이너가 사용하는 루트 파일시스템 데이터: `layer.tar`
- 실행 명령어, 환경 변수 등의 실행 환경 재현에 필요한 정보: `5e36`……(생략)……`613e.json`
- 이미지 구성 관련 정보: `manifest.json`, `repositories`
- 기타(과거 호환성을 위해 유지하는 파일들): `VERSION`, `json`

그중에서도 특히 루트 파일시스템 데이터에 주목합니다. 앞서 예제 2-26에서 출력한 이미지를 보면 `layer.tar`이란 파일이 여러 번 등장합니다. 이 tar 파일이 바로 컨테이너 이미지를 구성하는 레이어이고, 그 내용물은 컨테이너 루트 파일시스템의 변경 사항입니다.

예제 2-27처럼 tar 파일 내용을 확인하면 etc 등 루트 파일시스템처럼 보이는 디렉터리가 있습니다.

2.1절에서 `myimage:v1` 이미지를 작성할 때 `ubuntu:22.04` 이미지를 기반으로 셸 스크립트 `hello.sh`를 추가했습니다. 이런 변경 내용도 레이어 tar 파일에 저장되어 있습니다(예제 2-28).

예제 2-27 레이어에 포함된 파일 확인

```
$ tar --list -f ./dumpimage/9c78f74ad967b8929d1515b5f4ded20539f46fd7147
fc56e 9d15470427a5fa54/layer.tar | head -n 10
bin
boot/
dev/
etc/
etc/.pwd.lock
etc/adduser.conf
etc/alternatives/
etc/alternatives/README
etc/alternatives/awk
etc/alternatives/nawk
```

예제 2-28 빌드할 때 추가된 셸 스크립트가 레이어에 포함됨

```
$ tar --list -f ./dumpimage/2ff43702bbf2ca08b5bc62d957b58da255ac0b9689c
dee584dac9c88adfabae5/layer.tar
hello.sh
$ tar -xOf ./dumpimage/2ff43702bbf2ca08b5bc62d957b58da255ac0b9689cdee58
4dac9 c88adfabae5/layer.tar hello.sh
#!/bin/bash
set -eu
echo "Hello, World!"
exec sleep infinity
```

도커는 컨테이너를 실행할 때 레이어(tar 파일)를 중첩해서 루트 파일시스템을 만들고, 이렇게 만든 루트 파일시스템 위에서 컨테이너를 실행합니다. 분석해 보니 컨테이너 이미지는 파일 변경 사항을 레이어로 모은 집합체라는 점을 알 수 있었습니다.

2.4.3 컨테이너 빌드와 레이어 구조

앞의 예제에서 컨테이너를 빌드할 때 도커파일은 작성 절차가 담긴 작업서라고 설명했습니다. 컨테이너 레이어 구조는 도커파일에 작성된 이미지 작성 순서와

깊은 관련이 있습니다. 도커는 도커파일의 FROM 명령 다음에 있는 각 명령에 따라 명령어 실행이나 컨텍스트에서 파일 복사 등의 작업을 통해, 베이스 이미지를 순서대로 변경하면서 빌드를 진행합니다. 이때 도커는 FROM 명령으로 지정한 베이스 이미지 위에 각 명령 실행 결과로 발생한 변경 사항을 레이어로 각각 겹쳐 쌓는 형태로 이미지를 빌드합니다(그림 2-16). 원래부터 베이스 이미지에 포함된 레이어는 그대로 결과 이미지에도 포함됩니다.

❤ 그림 2-16 도커파일과 레이어 구조

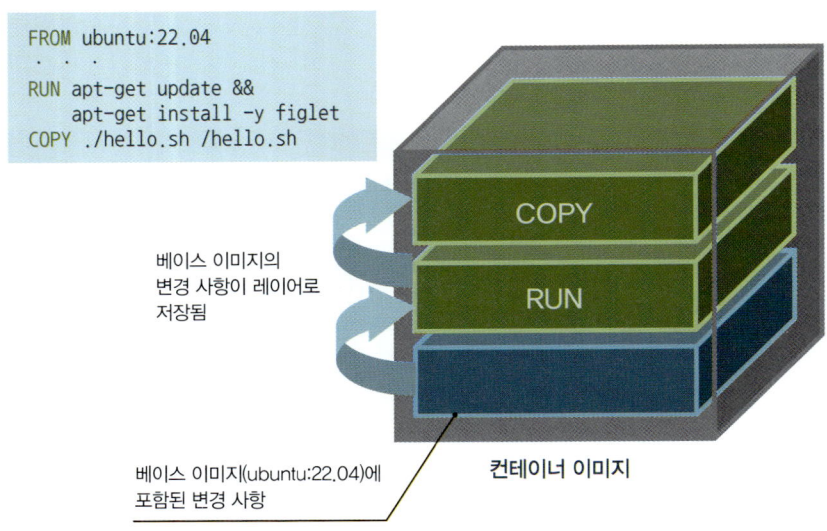

코드 2-1 [복습] Hello, World!를 출력하는 컨테이너를 작성하는 Dockerfile

```
FROM ubuntu:22.04
ENV DEBIAN_FRONTEND=noninteractive
RUN apt-get update && apt-get install -y figlet
COPY ./hello.sh /hello.sh
ENTRYPOINT [ "/hello.sh" ]
```

그림 2-16에서 알 수 있듯이 2.3절의 hello:v1 이미지 빌드(코드 2-1)는 FROM 명령으로 지정한 베이스 이미지의 레이어가 그대로 결과 이미지에도 포

함됩니다. RUN 명령으로 apt-get 실행, COPY 명령으로 파일 복사해서 발생한 변경 사항이 각각 레이어 형태로 베이스 이미지에 덮어 쓰기됩니다. 결과적으로 만들어진 레이어들을 합쳐서 하나의 이미지로 다룹니다.

도커는 도커파일의 각 명령을 실행할 때마다 변경된 내용을 **캐시**(cache)하면서 빌드를 진행합니다(그림 2-17). 따라서 다음에 빌드를 실행할 때 빌드의 각 단계에서 이전과 똑같은 결과가 나오는 작업 단계라면 캐시를 활용해 해당 단계는 실행을 생략함으로써 빌드 시간을 줄일 수 있습니다.

▼ 그림 2-17 캐시를 사용한 빌드 단계 생략

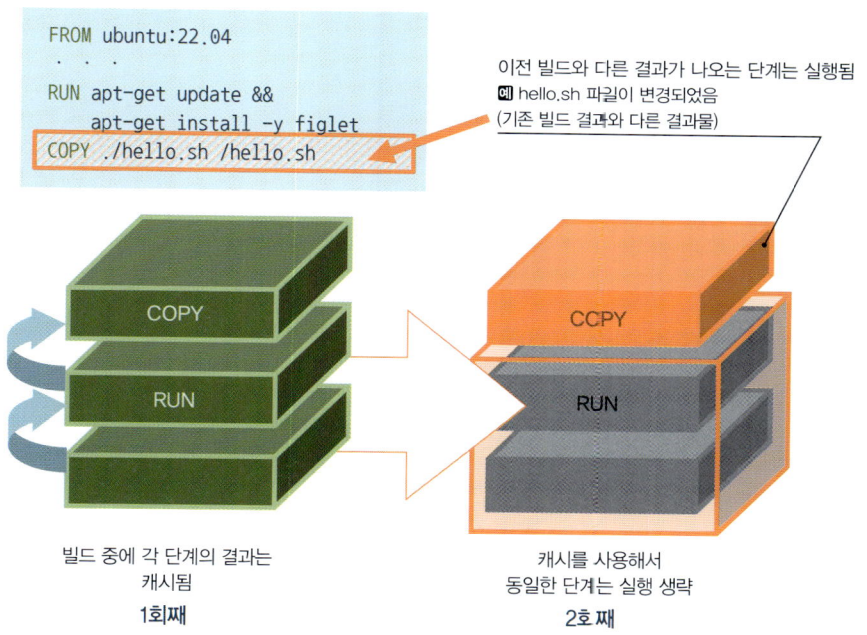

2.3절의 hello:v1 이미지 빌드를 살펴봅시다. FROM의 ubuntu:22.04 베이스 이미지에 RUN 명령으로 apt-get 명령어를 실행해서 발생한 변경 사항이 캐시됩니다. 그리고 COPY 명령으로 컨텍스트에서 루트 파일시스템에 파일을 복사해서 만든 변경 사항도 캐시됩니다.

이렇게 캐시된 변경 사항은 다음에 빌드를 실행할 때 활용할 수 있습니다.

예를 들어 2.3절에서 작성한 hello:v1 이미지의 새로운 버전을 작성해봅시다(예제 2-29). hello:v1 이미지를 작성할 때 사용한 컨텍스트(디렉터리)를 hello2로 복사해서 It works!를 출력하도록 셸 스크립트 hello.sh를 수정합니다.

예제 2-29 셸 스크립트 hello.sh 수정하기

```
$ cp -R hello hello2
$ cat <<EOF > ./hello2/hello.sh
#!/bin/bash
set -eu
figlet "It works!"
exec sleep infinity
EOF
$ tree ./hello2
./hello2
├── Dockerfile
└── hello.sh

0 directories, 2 files
```

이 컨텍스트에서 새로운 이미지 버전 hello:v2를 작성합니다. 사용하는 도커 파일은 동일합니다(코드 2-1). 따라서 다시 빌드를 실행하면 hello:v1과 똑같이 다음 ❶~❺ 순서대로 빌드가 진행됩니다.

❶ FROM 명령으로 ubuntu:22.04 이미지를 도커 허브에서 풀로 가져와서 베이스 이미지로 사용합니다.

❷ ENV 명령으로 환경 변수 DEBIAN_FRONTEND를 설정하고 apt-get이 도커 파일이 지원하지 않는 대화형 기능(다이얼로그 등)을 실행하지 않도록 합니다.

❸ RUN 명령으로 베이스 이미지에서 apt-get 명령어를 실행해서 figlet을 설치합니다.

❹ COPY 명령으로 컨텍스트에서 hello.sh를 복사합니다.

❺ ENTRYPOINT 명령으로 컨테이너를 가동하면 hello.sh를 실행하도록 설정합니다.

하지만 실제로 이미지를 빌드하면 예제 2-30처럼 이번에는 ubuntu:22.04 풀 작업과 apt-get은 실행하지 않고, COPY 명령 이후 단계부터 실행됩니다. 그만큼 빌드 시간이 줄어듭니다.

예제 2-30 이미지 빌드 실행

```
$ docker build -t hello:v2 ./hello2
[+] Building 0.1s (8/8) FINISHED                                docker:default
 => [internal] load build definition from Dockerfile                      0.0s
 => => transferring dockerfile: 194B                                      0.0s
 => [internal] load metadata for docker.io/library/uburtu:22.04           0.0s
 => [internal] load .dockerignore                                         0.0s
 => => transferring context: 2B                                           0.0s
 => [1/3] FROM docker.io/library/ubuntu:22.04@sha256:2b7412e6465c         0.0s
    이전에 이미 풀했기 때문에 새로운 풀은 생략
 => [internal] load build context                                         0.0s
 => => transferring context: 94B                                          0.0s
 => CACHED [2/3] RUN apt-get update && apt-get install -y figlet          0.0s
    이전 빌드에서 캐시되어서 apt-get 실행 생략
 => [3/3] COPY ./hello.sh /hello.sh                                       0.0s
    hello.sh가 이미지에 복사됨
 => exporting to image                                                    0.0s
 => => exporting layers                                                   0.0s
 => => writing image sha256:102d1aa0f0a1b08d8941f77da066e0e630f8e74fede18a06d8b
                                                                          0.0s
 => => naming to docker.io/library/hello:v2                               0.0s

$ docker run --rm --name=hello2 hello:v2
  _          _ _         
 | |__   ___| | | ___    ____    _   _ ____  
 | '_ \ / _ \ | |/ _ \  |___ \  | | | |___ \ 
 | | | |  __/ | | (_) |  ___) | | |_| |___) |
 |_| |_|\___|_|_|\___/  |____/   \__,_|____/ 
```

예제 2-31의 docker build 출력 결과를 보면 CACHED가 있습니다. hello:v2 빌드에서 RUN 명령 내용 처리는 **ubuntu:22.04**에 **apt-get** 명령어를 실행한다는 뜻이고 hello:v1 빌드와 똑같습니다.

예제 2-31 캐시를 사용한 명령 실행 생략(발췌)

```
=> CACHED [2/3] RUN apt-get update && apt-get install -y figlet    0.0s
```

이렇게 이전과 똑같은 변경 사항이 발생하는 명령은 이미 hello:v1에서 캐시한 레이어를 사용해서 해당 명령 실행 자체가 생략됩니다.

이와 같이 빌드는 이미지 레이어 구조와 밀접한 관계가 있고, 빌더 도구는 레이어 구조를 사용한 캐시 구조도 갖추고 있습니다. 이미지 빌드 작업이 레이어 구조와 캐시를 사용한다는 점을 고려하면 자주 변경되는 내용은 도커파일 후반부에 모아 둔다는 식으로 효율적인 빌드 방법을 구성할 수 있습니다.

이 책에서는 이미지 빌드 모범 사례를 다루지 않지만, 다수의 레이어를 하나로 합치고 처음부터 크기가 작은 베이스 이미지를 사용하는 경량화 이미지 작성 모범 사례처럼 이미지 빌드도 깊이가 있는 분야입니다.

2.4.4 컨테이너 실행의 레이어 구조

컨테이너 레이어 구조는 실행할 때도 유지됩니다. myimage:v1으로 컨테이너 2개를 실행하는 예를 봅시다(예제 2-32). 이번에는 -d 옵션으로 컨테이너를 백그라운드로 실행합니다.

두 컨테이너는 공통된 이미지(myimage:v1)로 실행해도 각각 다른 컨테이너로 실행되기 때문에, 하나의 컨테이너에서 루트 파일시스템을 변경해도 다른 컨테이너에 아무런 영향이 없습니다. 실제로 예제 2-33처럼 mycontainer1의 루트 파일시스템을 변경해도 mycontainer2에서는 해당 내용이 보이지 않습니다.

예제 2-32 컨테이너를 2개 실행

```
$ docker run -d --name mycontainer1 myimage:v1
98b5afe735f54dd17c3dc66ec0001a128a02d7614cf4f8b3de2ae4b578a8d18f
$ docker run -d --name mycontainer2 myimage:v1
184dfd378950c9b339f766b21f44c90ca5adba01a219194da53127´10971ad37
```

예제 2-33 다른 컨테이너에서는 파일 변경이 보이지 않음

```
$ docker exec mycontainer1 /bin/bash -c 'echo "New File " > /newfile.txt'
$ docker exec mycontainer1 cat /newfile.txt  mycontainer1에는 새로 작성한
파일이 존재
New File!
$ docker exec mycontainer2 cat /newfile.txt  다른 컨테이너에는 해당 파일이 없음
cat: /newfile.txt: No such file or directory
```

그러면 이러한 컨테이너 루트 파일시스템은 컨테이너를 만들 때마다 이미지(myimage:v1)의 파일시스템을 복사해서 생성하는 것일까요? 만약 그렇다면 각 컨테이너는 newfile.txt를 제외하고는 완전히 똑같은 루트 파일시스템을 중복해서 저장한다는 말이 됩니다.

특히 다음 장에서 설명할 쿠버네티스 환경은 동일한 이미지로 작성하는 다수의 컨테이너를 하나의 호스트에서 병렬로 실행하는 시스템입니다. 컨테이너를 복제할 때마다 똑같은 파일시스템 복사본이 만들어진다면 스토리지 낭비에 가깝습니다.

따라서 컨테이너의 레이어 구조는 컨테이너끼리 데이터 중복 없이 서로의 환경에 영향을 주지 않는다는 요구사항을 만족시켜야 합니다(그림 2-18).

▼ 그림 2-18 컨테이너 실행할 때 읽고 쓰기 가능한 레이어

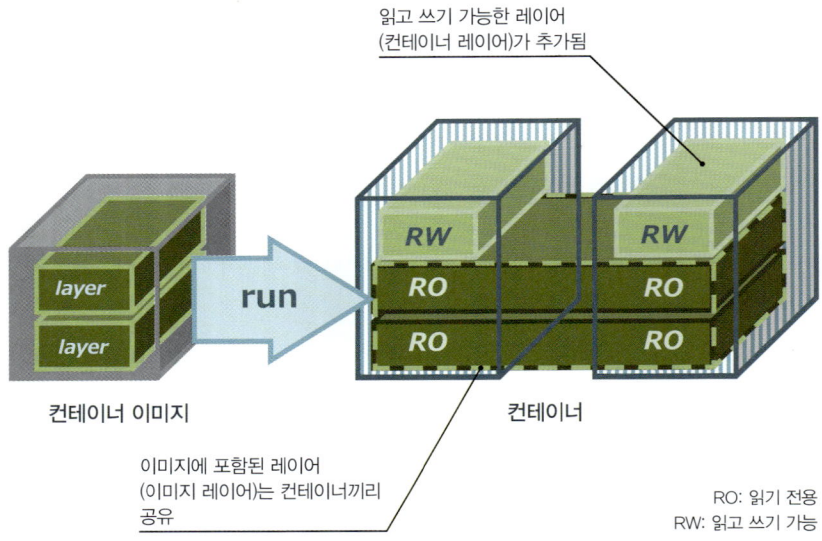

RO: 읽기 전용
RW: 읽고 쓰기 가능

호스트의 도커는 이미지를 레이어 구조를 유지한 상태로 저장합니다. 또한 이미지에서 컨테이너를 실행할 때 해당 이미지의 레이어를 중첩하고 그 결과를 루트 파일시스템으로 사용합니다. 이때 중요한 점은 어떤 이미지로 컨테이너를 여러 번 실행해도 **컨테이너끼리 공통 레이어는 복사가 아니라 공유한다**는 점입니다 (그림 2-18). 그리고 이미지를 구성하는 레이어는 읽기 전용, 즉 쓰기 작업이 불가능한 상태로 컨테이너끼리 공유하기 때문에 레이어 내용을 컨테이너가 변경할 수 없습니다. 하지만 지금까지의 예제에서는 컨테이너에서 루트 파일시스템을 변경했습니다. 어떻게 변경한 걸까요?

그 이유는 컨테이너를 실행하면 레이어 중첩의 한 단계 위에 해당 컨테이너 전용의 쓰고 읽기 가능 레이어를 새로 작성하기 때문입니다(그림 2-18).

이때 읽고 쓰기 가능 레이어는 컨테이너 실행 중에 발생한 루트 파일시스템 변경 사항을 저장합니다. 즉, 어떤 파일이 작성되면 읽고 쓰기 가능 레이어에 작성된 파일만 저장됩니다. 또한 읽기 전용인 하위 레이어에 포함된 파일을 변

경한다면 변경 대상 파일만 읽기 쓰기 가능 레이어에 복사한 다음에 변경하는 Copy on Write(CoW) 방식을 사용합니다. 이런 방식으로 공통 레이어를 다른 컨테이너와 공유하면서 컨테이너는 자신만의 루트 파일시스템에 쓰기 작업을 할 수 있고, 변경 이력도 필요한 최소한의 파일만 복사해서 저장할 수 있습니다.

이렇게 컨테이너 레이어 구조를 활용해서 다른 컨테이너에 의한 원하지 않는 덮어 쓰기도 발생하지 않고, 데이터 중복도 발생하지 않도록 컨테이너의 파일시스템을 관리할 수 있습니다. 동일한 이미지로 컨테이너를 작성하더라도 스토리지를 효율적으로 사용할 수 있습니다. 앞 절에서 소개한 이미지 빌드도 빌드의 각 단계를 실행할 때 이런 레이어 구조의 루트 파일시스템을 똑같은 방식으로 사용합니다.

2.4.5 레이어 구조의 이미지와 루트 파일시스템 작성에 필요한 기술

이전 절에서는 이미지 레이어 구조와 레이어를 중첩해서 만드는 루트 파일시스템 구조의 장점을 설명했습니다. 도커가 다수의 레이어를 중첩하거나 CoW 방식을 제공한다고 너무나 당연하게 이야기했는데, 실제로는 어떻게 이런 기능을 구현하는 걸까요?

이 절에서는 그 방법을 좀 더 자세히 살펴보고 레이어 구즈의 이미지가 컨테이너 루트 파일시스템으로 확장되는 방식을 알아보겠습니다.

도커는 **스토리지 드라이버**(storage driver 또는 그래프 드라이버(graph driver)[31]) 컴포넌트를 사용해서 해당 기능을 구현합니다.[32]

---

[31] https://docs.docker.com/engine/storage/drivers/select-storage-driver
[32] 도커 24 버전은 실험적 기능으로 snapshotter 스토리지 플러그인도 지원합니다. 앞으로 사용 범위가 확장될 예정입니다. snapshotter도 overlayfs 기반으로 레이어를 관리하는 overlayfs snapshotter가 널리 쓰입니다. https://docs.docker.com/engine/storage/containerd

스토리지 드라이버는 컨테이너를 구성하는 각 레이어를 호스트에 저장하고 레이어를 중첩해서 컨테이너 루트 파일시스템으로 사용하는 레이어 관리용 컴포넌트입니다. 스토리지 드라이버에는 몇 가지 구현 방식이 있는데 overlayfs, btrfs를 포함한 파일시스템 기능을 활용해서 구현합니다.[33]

이 중에서 특히 여러 리눅스 배포판에서 추천하는 스토리지 드라이버 **overlay2**를 살펴보겠습니다. 2.4.2절의 이미지 분석을 잘 보면 각 레이어는 tar 형식 아카이브 파일입니다. overlay2 storage driver는 이런 레이어를 각자 디렉터리에 압축 해제(전개) 상태로 저장합니다(그림 2-19).

▼ 그림 2-19 이미지와 컨테이너의 레이어 중첩(overlay2 storage driver 예)

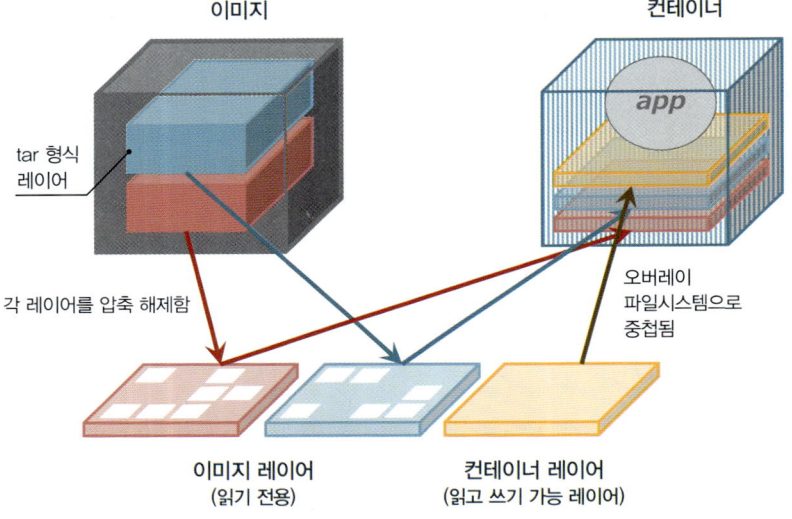

그리고 이 디렉터리와 컨테이너 레이어(읽고 쓰기 가능 레이어)로 사용하는 디렉터리를 오버레이 파일시스템으로 중첩한 결과가 컨테이너의 루트 파일시스템이 됩니다.

---

33 https://docs.docker.com/engine/storage/drivers/select-storage-driver/#supported-backing-filesystems

실제로 overlay2 storage driver가 레이어 데이터를 저장하는 영역(/var/lib/docker/overlay2)을 확인하면(예제 2-34), 이 책 초반에 등장한 예제에서 작성한 이미지 myimage:v1을 구성하는 레이어도 압축 해제된 상태로 저장되어 있습니다.

예제 2-34 overlay2 storage driver가 레이어를 저장하는 모습(디렉터리명은 다를 수 있습니다)

```
# ls /var/lib/docker/overlay2/cd3d6a56624841f6da92c292e9f020d1ffa1feaf1
f313f1c236126e18246ff03/diff/      압축 해제된 레이어가 저장됨
bin   etc   lib    mnt  proc  run   srv   tmp   var
dev   home  media  opt  root  sbin  sys   usr
# ls /var/lib/docker/overlay2/f047d618cdaea3383ac7dfc9ccd12bc52e95acda20cd430
e72c63fe556285fb3/diff/    예제에서 셸 스크립트를 추가한 레이어도 저장되어 있음
hello.sh
# cat /var/lib/docker/overlay2/f047d618cdaea3383ac7dfc9ccd12bc52e95acda
20cd430e72c63fe556285fb3/diff/hello.sh
#!/bin/bash
set -eu
echo "Hello, World!"
exec sleep infinity
```

이러한 디렉터리를 중첩하기 위해 overlay2 storage driver에서 사용하는 오버레이 파일시스템을 예제와 함께 알아보겠습니다.

오버레이 파일시스템은 리눅스 커널 3.18부터 도입된 기술인데 어떤 디렉터리를 다른 디렉터리와 중첩한 결과를 마운트할 수 있는 파일시스템입니다. 마운트한 파일시스템을 CoW 방식으로 변경하는 기능도 지원해서 도커를 비롯한 컨테이너 사용 사례에 적합한 기술입니다(그림 2-20).

도커뿐만 아니라 containerd, CRI-O 같은 도구도 컨테이너 루트 파일시스템 작성에 오버레이 파일시스템을 활용합니다.

실제로 오버레이 파일시스템을 셸에서 조작해서 디렉터리가 어떻게 중첩되는지 살펴봅시다. 이 예제에서 각 레이어에 해당하는 디렉터리 layer1과 layer2를 하나로 중첩한 결과가 어떻게 되는지, 파일을 변경하면 어떻게 CoW가 작동하는지 살펴보겠습니다(그림 2-20).

▼ 그림 2-20 디렉터리 중첩

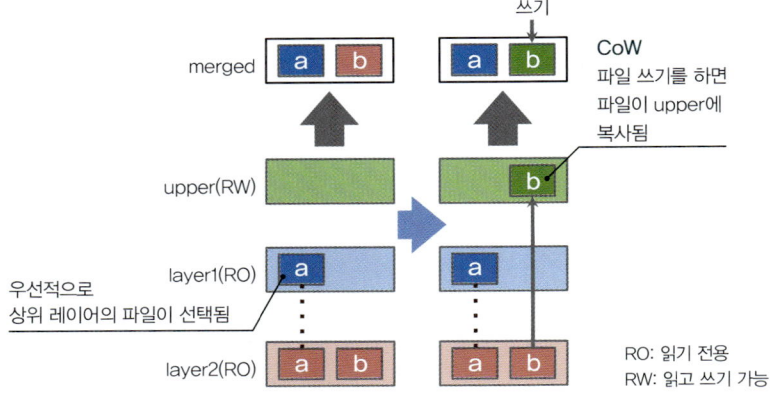

먼저 각 레이어에 대응하는 디렉터리를 준비해서 그 내부에 파일(layer1/a, layer2/a, layer2/b)을 작성합니다(예제 2-35).

실제로 컨테이너를 작성하면 각 디렉터리에 이미지를 구성하는 각 레이어의 tar 파일이 압축 해제된다고 생각하면 됩니다.

예제 2-35 레이어에 해당하는 디렉터리 2개 작성

```
$ mkdir layer1 layer2
$ echo "layer1 A" > ./layer1/a
$ echo "layer2 A" > ./layer2/a
$ echo "layer2 B" > ./layer2/b
```

이제 mount 명령어로 layer1, layer2를 오버레이 파일시스템으로 중첩합니다. layer2가 최하위층이고, layer1이 그 위에 올라갑니다. 파일 a는 양쪽에 중복해서 존재하므로 주의하기 바랍니다. mount 명령어로 오버레이 파일시스템을 마운트할 때 예제 2-36처럼 mount 명령어에 파일시스템 종류(-t 옵션)를 overlay로 지정합니다. 마운트 옵션(-o 옵션)은 각 층의 디렉터리(lowerdir 옵션의 layer1:layer2)를 지정합니다. 이 예제에서는 파일시스템을 변경할 수 있도록 그 상위 계층으로 upper라는 변경 사항을 저장할 디렉터리를 중첩합니다(upperdir 옵션). 그리고 커널이 작업용으로 사용할 디렉터리 work도 옵션에 지정합니다(workdir 옵션).

mount 명령어 설정을 컨테이너에 비유하면 이미지에 포함된 layer1, layer2를 읽기 전용 레이어로 중첩하고 읽고 쓰기 가능 레이어로 upper 디렉터리를 사용하는 형태입니다. 이번에는 이 중첩 결과를 merged 디렉터리에 마운트해서 사용합니다.

예제 2-36 레이어를 오버레이 파일시스템으로 중첩해서 마운트

```
$ mkdir upper work merged
$ sudo mount -t overlay overlay -olowerdir=layer1:layer2,upperdir=upper
,workdir=work merged
```

예제 2-36을 실행하면 중첩한 결과가 merged 디렉터리에 마운트됩니다. 예제 2-37에서 마운트한 merged 디렉터리 내부를 확인했습니다. merged 안에는 미리 작성한 파일 a, b가 보입니다. layer1, layer2에 중복해서 존재하는 파일 a는 상위 계층인 layer1 파일(파일 내용이 layer1 A인 파일)을 우선해서 보여 줍니다.

예제 2-37 오버레이 파일시스템을 마운트한 디렉터리 내부 확인

```
$ tree ./merged
./merged
├── a
└── b

0 directories, 2 files
$ cat ./merged/a      layer1, layer2 양쪽에 존재하므로 상위 계층 layer1의
                      파일이 우선적으로 표시됨
layer1 A
$ cat ./merged/b      layer2에 포함된 파일이 보임
layer2 B
$ ls ./upper          변경된 내용이 없으므로 upper는 비어 있음
```

이때 파일시스템은 아직 쓰기 작업이 없었으므로 CoW를 통한 파일 복사는 발생하지 않습니다. 따라서 변경 사항을 저장하는 upper 디렉터리에는 비어 있는 상태입니다.

이제 merged 디렉터리의 내부 파일에 실제로 쓰기 작업을 해서 CoW로 어떤 파일이 어떻게 복사되는지 살펴봅시다.

예제 2-38 파일 쓰기와 CoW

```
$ echo "Write to merged" > ./merged/b
$ cat ./merged/b
Write to merged
$ ls ./upper          upper에 b가 복사됨
b
$ cat ./upper/b       파일 내용이 변경됨
Write to merged
$ cat ./layer2/b      layer2의 파일은 변경되지 않음
layer2 B
```

예제 2-38처럼 echo 명령어로 파일 b에 Write to merged 문자열을 기록하면 layer2(최하위 계층)에 있는 파일 b가 upper에 복사되고 파일 내용이 Write to merged로 변경됩니다. layer2 디렉터리의 파일 b는 변경되지 않습니다.

이렇게 오버레이 파일시스템의 마운트는 lowerdir로 지정한 디렉터리(layer1, layer2)는 변경하지 않고, 변경 사항은 upperdir로 지정한 디렉터리에 CoW 방식으로 변경된 내용이 저장됩니다.

또한 lowerdir로 지정한 디렉터리는 지금까지 설명한 절차에 따라 또 다른 오버레이 파일시스템을 마운트할 때도 사용할 수 있습니다. 즉, 디렉터리는 마운트끼리 공유할 수 있습니다(그림 2-21).

▼ 그림 2-21 마운트 포인트끼리 디렉터리 공유

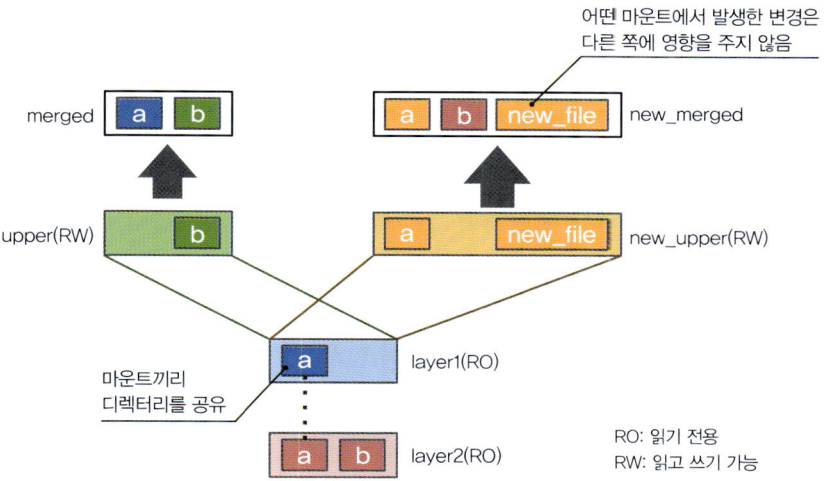

실제로 오버레이 파일시스템으로 디렉터리를 공유하는 예제를 봅시다. 예제 2-39는 merged 마운트에서 사용하는 layer1, layer2를 또 다시 하위 디렉터리로 사용해서 새로운 오버레이 파일시스템을 디렉터리 new_merged에 마운트합니다. layer1과 layer2 파일을 마운트마다 복사하는 대신에 merged와 new_merged가 서로 공유합니다(그림 2-21).

예제 2-39 layer1, layer2를 새로운 디렉터리에 마운트

```
$ mkdir new_upper new_work new_merged
$ sudo mount -t overlay overlay -olowerdir=layer1:layer2,upperdir=new_
upper,workdir=new_work new_merged
$ tree ./new_merged
./new_merged
├── a
└── b

0 directories, 2 files
```

그리고 new_merged에 파일 편집이나 새로운 파일을 작성해도 CoW 덕분에 하위 디렉터리 layer1, layer2가 직접 변경되지 않습니다. 다른 마운트 merged에도 영향을 주지 않습니다(예제 2-40).

예제 2-40 new_merged 변경 내용은 merged에 영향을 주지 않음

```
new_merged에서 파일을 변경해도 merged에는 영향 없음
$ echo "Write from new_merged!" > ./new_merged/a
$ cat ./new_merged/a
Write from new_merged!
$ cat ./merged/a
layer1 A

new_merged에 새로운 파일을 작성해도 merged에는 영향 없음
$ echo "New file in new_merged!" > ./new_merged/new_file
$ cat ./new_merged/new_file
New file in new_merged!
$ cat ./merged/new_file
cat: ./merged/new_file: No such file or directory
```

이처럼 오버레이 파일시스템을 사용하면 중첩 대상 디렉터리를 마운트 포인트마다 복사하지 않아도 공유할 수 있고, 각 마운트 포인트에서 발생한 변경 내용은 서로에게 영향을 주지 않습니다.

도커는 오버레이 파일시스템과 같은 기술을 활용해서 컨테이너를 실행할 때 레이어 중첩을 처리합니다.

2.5 도커 아키텍처와 OCI 런타임

마지막으로 도커 아키텍처 전체 모습을 살펴보면서 컨테이너 작성을 담당하는 컴포넌트 OCI 런타임 소프트웨어 개요를 알아봅시다.

그림 2-22와 같이 도커는 클라이언트-서버형 아키텍처입니다. 이 장에서 사용한 docker 명령어는 도커 클라이언트 명령어에 해당합니다.

머신에는 **도커 데몬**(dockerd)이 실행되고 docker 명령어로 도커 API 형태의 HTTP API를 경유해서 지시를 받습니다. 도커 데몬은 컨테이너 실행, 이미지, 네트워크, 스토리지 같은 컨테이너 생명주기 전체를 관리합니다.

▼ 그림 2-22 도커 데몬과 클라이언트, OCI 런타임

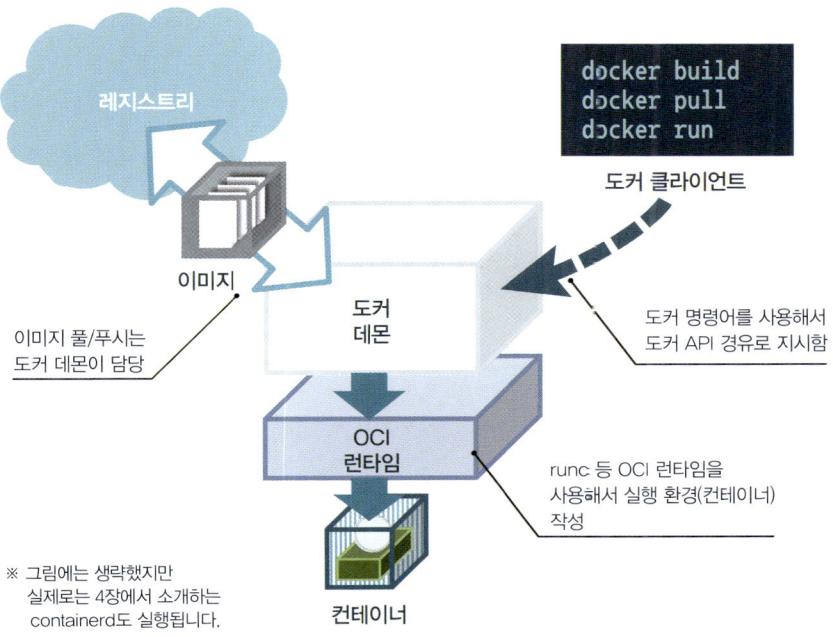

또한 CLI로 내린 지시에 따라 레지스트리에 이미지를 풀, 푸시하는 작업도 도커 데몬이 담당합니다. 앞에서 설명한 오버레이 파일시스템 등을 조작하는 스토리지 드라이버도 도커 데몬에 구현되거나 플러그인된 기능입니다.

하지만 호스트와 격리된 실행 환경을 컨테이너로 만들거나 직접 조작하는 작업은 도커 데몬이 맡은 역할이 아닙니다. 이런 작업은 **OCI 런타임**(runtime, 저수준 런타임) 소프트웨어가 담당합니다.[34] OCI 런타임은 호스트와 격리된 실행 환경을 컨테이너로 만들거나 직접 조작하는 수단을 제공하는 소프트웨어로, Open Container Initiative(OCI)가 OCI Runtime Specification(OCI 런타임 규격)을 정합니다.[35] OCI가 참조 구현으로 작성한 runc[36], 구글 gVisor[37], 오픈스택 재단(OpenStack Foundation)이 개발한 Kata Containers[38]처럼 다양한 OCI 런타임 구현이 있습니다. 런타임이 실행 환경 작성에 사용하는 기술도 리눅스 커널 기능(네임스페이스(namespace), cgroup 등), 가상머신, 사용자 공간 커널 등 런타임에 따라 다양합니다.

OCI 런타임은 4장에서 자세히 설명하겠습니다. 지금은 '도커 데몬이 OCI 런타임을 조작해서 컨테이너 실행 환경을 작성하고 조작한다' 이것만 기억하면 됩니다. 수많은 리눅스 환경에서 runc를 사용하는데 도커 설정을 변경해서 다른 런타임도 쓸 수 있습니다. 지금 사용 중인 환경이 어떤 OCI 런타임을 사용하는지 확인해보기 바랍니다.

---

[34] 도커처럼 저수준 런타임을 사용해서 컨테이너를 관리하는 소프트웨어도 컨테이너 런타임이라고 부르지만 저수준 런타임과 구분하기 위해서 고수준 런타임이라고 부릅니다. 자세한 내용은 4장에서 설명합니다.

[35] https://github.com/opencontainers/runtime-spec

[36] https://github.com/opencontainers/runc

[37] https://gvisor.dev

[38] https://katacontainers.io

2.6 정리

이 장에서는 도커가 지원하는 기본적인 작업 흐름 Build, Ship, Run을 실제 명령어 예제와 함께 알아보았습니다. 컨테이너와 호스트 간의 파일 공유, 볼륨, 호스트 포트 사용, 컴포즈를 활용한 관리, 도커파일로 빌드하기와 같은 중요한 도커 사용 방법도 살펴봤습니다.

또한 컨테이너 레이어 구조를 실제로 이미지를 분석해서 확인하고, 레이어가 빌드와 컨테이너 실행에 어떤 영향을 주는지 설명했습니다. 그리고 레이어 구조로 구성된 컨테이너 이미지에서 컨테이너 루트 파일시스템을 작성할 때 사용하는 오버레이 파일시스템을 소개했습니다.

마지막으로 도커 아키텍처 개요, 도커가 컨테이너 실행 환경을 작성할 때 사용하는 저수준 컨테이너 런타임 OCI 런타임 개요도 설명했습니다.

다음 장에서는 여러 대의 머신으로 구성된 인프라에서 컨테이너를 관리할 때 사용하는 오케스트레이션 엔진인 **쿠버네티스**에 대해 알아보겠습니다.

2.7 참고 도커 25 버전에서 컨테이너 이미지 확인하기

2.4.2절은 도커 24 버전을 사용해서 이미지 내부를 살펴봤습니다. 도커 25 버전부터는 도커가 출력하는 이미지 구조가 바뀌어서 2.4.2절에서 소개한 형태와 다르게 OCI가 정한 이미지 규격[39] 형식이 됩니다. 따라서 도커 25 버전을 사용하는 분을 위해 예시를 소개합니다.

예제 2-41처럼 2.1절에서 작성한 myimage:v1을 docker save 명령어로 dumpimage 디렉터리에 저장합니다. tree 명령어로 이미지에 포함된 파일 목록을 확인합니다. 파일은 다음과 같이 분류됩니다.

- 컨테이너 루트 파일시스템 데이터를 포함한 이미지 콘텐츠: blobs/sha256/ 이하의 파일
- 이미지 구성 관련 정보: oci-layout, index.json, manifest.json, repositories

예제 2-41 도커 25 버전의 이미지 분석(파일명은 다를 수 있습니다)

```
$ mkdir dumpimage
$ docker save myimage:v1 | tar -xC ./dumpimage
$ tree ./dumpimage
./dumpimage
├── blobs
│   └── sha256
│       ├── 6c41b3ad21c6d93dc9adf9054ba987700dccd12bbde87582ec1e1d7ba529c8de
│       ├── 6d8c53204156be8d8752cb2e339c27b906d743e2ea674bf75c246660c91432ef
│       ├── 8e87ff28f1b5ff2d5131999ccfa1e674cb252631c50683f5ee43fad59cbea8e1
```

---

[39] https://github.com/opencontainers/image-spec

```
│       ├── a30edb318c3f40f7fb27c97a63ab1cc9d940c982f99d854417b69a7d83600e52
│       ├── caf72639435ec32449e8d10add3d4cc3ffaf8f511224472aa16e66ecf1ab8bd8
│       └── fd7901b2e46a364d23b07293a4a17ebbc6767909195e6c473e0396e14981a9a3
├── index.json
├── manifest.json
├── oci-layout
└── repositories

2 directories, 10 files
```

blobs/sha256/ 디렉터리에는 컨테이너가 사용하는 루트 파일시스템 데이터뿐만 아니라 실행 환경 정보와 같은 이미지를 구성하는 다양한 데이터가 포함됩니다.

그중에서도 특히 루트 파일시스템 데이터를 살펴봅시다. 예제 2-42처럼 file 명령어로 데이터 종류를 확인하면 tar 파일이 몇 개 포함되어 있습니다. 이 tar 파일이 컨테이너 이미지를 구성하는 레이어, 즉 컨테이너 루트 파일시스템의 변경 사항입니다.[40]

예제 2-42 이미지에 포함된 tar 파일

```
$ (cd ./dumpimage/blobs/sha256 ; file *)
6c41b3ad21c6d93dc9adf9054ba987700dccd12bbde87582ec1e1d7ba529c8de: JSON data
6d8c53204156be8d8752cb2e339c27b906d743e2ea674bf75c246660c9´432ef: JSON data
8e87ff28f1b5ff2d5131999ccfa1e674cb252631c50683f5ee43fad59cbea8e1: POSIX tar archive
a30edb318c3f40f7fb27c97a63ab1cc9d940c982f99d854417b69a7d83600e52: JSON data
caf72639435ec32449e8d10add3d4cc3ffaf8f511224472aa16e66ecf1ab8bd8: JSON data
fd7901b2e46a364d23b07293a4a17ebbc6767909195e6c473e0396e14981a9a3: POSIX tar archive
```

예제 2-43처럼 tar 파일 내용을 확인하면 etc처럼 루트 파일시스템에서 자주 보는 디렉터리가 있습니다.

---

40 blobs/sha256 내부 데이터 중에서 레이어에 해당하는 파일 정보 같은 이미지 구성은 index.json 등에 정의됩니다. 이미지 구조 관련 규격에 흥미가 있으신 분은 OCI가 정한 표준 규격도 확인하기 바랍니다. https://github.com/opencontainers/image-spec/blob/v1.0.2/image-layout.md

예제 2-43 레이어에 포함된 파일 확인

```
$ tar --list -f ./dumpimage/blobs/sha256/8e87ff28f1b5ff2d5131999ccfa1e6
74cb252631c50683f5ee43fad59cbea8e1 | head -n 10
bin
boot/
dev/
etc/
etc/.pwd.lock
etc/adduser.conf
etc/alternatives/
etc/alternatives/README
etc/alternatives/awk
etc/alternatives/nawk
```

2.1절에서 myimage:v1 이미지를 작성할 때 ubuntu:22.04 기반에 추가한 셸 스크립트 hello.sh도 레이어로 저장됩니다(예제 2-44).

예제 2-44 빌드 시 추가한 셸 스크립트가 레이어에 포함됨

```
$ tar --list -f ./dumpimage/blobs/sha256/fd7901b2e46a364d23b07293a4a17e
bbc6767909195e6c473e0396e14981a9a3
hello.sh
$ tar -x0f ./dumpimage/blobs/sha256/fd7901b2e46a364d23b07293a4a17ebbc67
67909195e6c473e0396e14981a9a3 hello.sh
#!/bin/bash
set -eu
echo "Hello, World!"
exec sleep infinity
```

도커는 컨테이너를 실행할 때 이러한 레이어를 중첩해서 컨테이너 루트 파일시스템을 구성합니다. 이렇게 컨테이너 이미지는 레이어(변경 사항) 집합으로 취급합니다.

3장
쿠버네티스 개요

쿠버네티스[1]는 여러 대의 머신으로 구성된 인프라에서 컨테이너를 관리할 때 사용하는 오케스트레이션 엔진입니다. 이 장에서는 쿠버네티스 기능의 기본적인 내용을 알아봅니다.

---

1 https://kubernetes.io

3.1 쿠버네티스의 특징

이 절에서는 쿠버네티스 특징 중에서 컨테이너 관리에 유용하여 특히 자주 언급되는 세 가지 기능을 살펴보겠습니다.

3.1.1 파일을 사용한 선언적 관리

쿠버네티스의 주요 특징 중 하나가 **선언적**으로 애플리케이션을 관리할 수 있다는 점입니다(그림 3-1). 어떤 애플리케이션을 쿠버네티스로 배포할 때, **애플리케이션과 애플리케이션을 구성하는 컨테이너는 어떤 상태가 이상적인 상태**인지 YAML(YAML Ain't Markup Language) 또는 JSON(JavaScript Object Notation) 형식의 **매니페스트**(Manifest) 설정 파일로 선언합니다. 그러면 지정한 상태를 실현하고 유지하는 구체적인 작업을 쿠버네티스가 알아서 처리하는 것입니다.

매니페스트에는 쿠버네티스 환경에서 실행할 컨테이너 개수, 배포 형식, 컨테이너에서 꼭 필요한 스토리지, 컨테이너의 필수 통신 엔드포인트(endpoint) 등 애플리케이션의 이상적인 상태에 관련된 다양한 설정이 포함됩니다. 파일을 사용해서 관리하는 것의 장점은 매니페스트를 깃(Git) 등으로 버전을 관리할 수 있다는 점, 쿠버네티스 환경을 과거 상태로 되돌리기 쉬운(즉, 단순히 이전 상태를 뜻하는 매니페스트를 선언함) 점이 있습니다.

▼ 그림 3-1 이상적인 상태 선언과 쿠버네티스 작업

이상적인 상태를
파일 형태로 선언

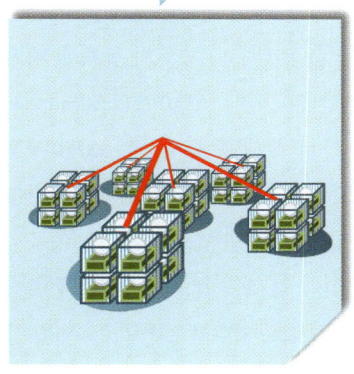

이상적인 상태를 유지 하도록
쿠버네티스가 컨테이너를 관리함

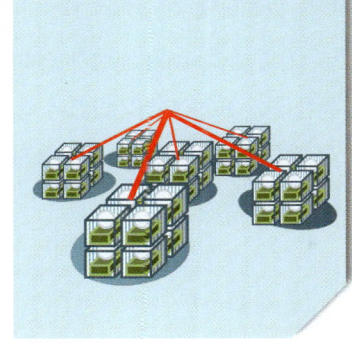

과거 상태를 선언해서
상태를 되돌릴 수 있음

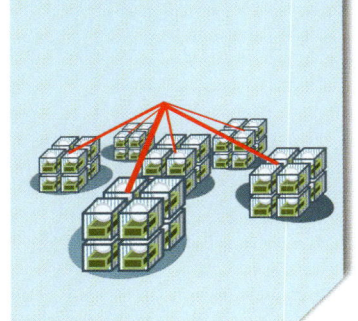

3.1.2 광범위한 배포 형식 지원

쿠버네티스의 또 다른 특징은 컨테이너와 관련된 다양한 배포 형식을 지원하는 점입니다. 한마디로 컨테이너라고 뭉쳐서 부르지만 배포 형식은 무척이나 다양합니다. 일반적으로 컨테이너는 기록된 데이터를 컨테이너 종료와 동시에 폐기해서 영구적인 데이터나 장기적인 상태를 유지하지 않는 **스테이트리스**(stateless) 방식을 사용합니다. 하지만 사용 사례에 따라서 상태를 유지하는 **스테이트풀**(stateful) 사용 방식, 예를 들어 데이터베이스 같은 장기적인 상태와 데이터를 관리하는 애플리케이션을 실행해야 할 때도 있습니다. 또한 스테이트풀 애플리케이션 외에도 쿠버네티스를 구성하는 각 머신에 감시용 프로세스가 상주하거나, 배치 작업처럼 한 번만 또는 특정 시간 간격으로 처리를 실행하는 사용 사례도 있습니다.

이 장의 뒷부분에서 설명하겠지만 쿠버네티스는 이러한 다양한 배포 형식을 지원합니다. 또한 쿠버네티스는 컨테이너 자동 복구, 스케일링, 업데이트 같은 관리 작업도 일부 대행해서 사용자가 컨테이너를 쉽게 관리할 수 있도록 도와줍니다(그림 3-2).

❤ 그림 3-2 다양한 배포 방식

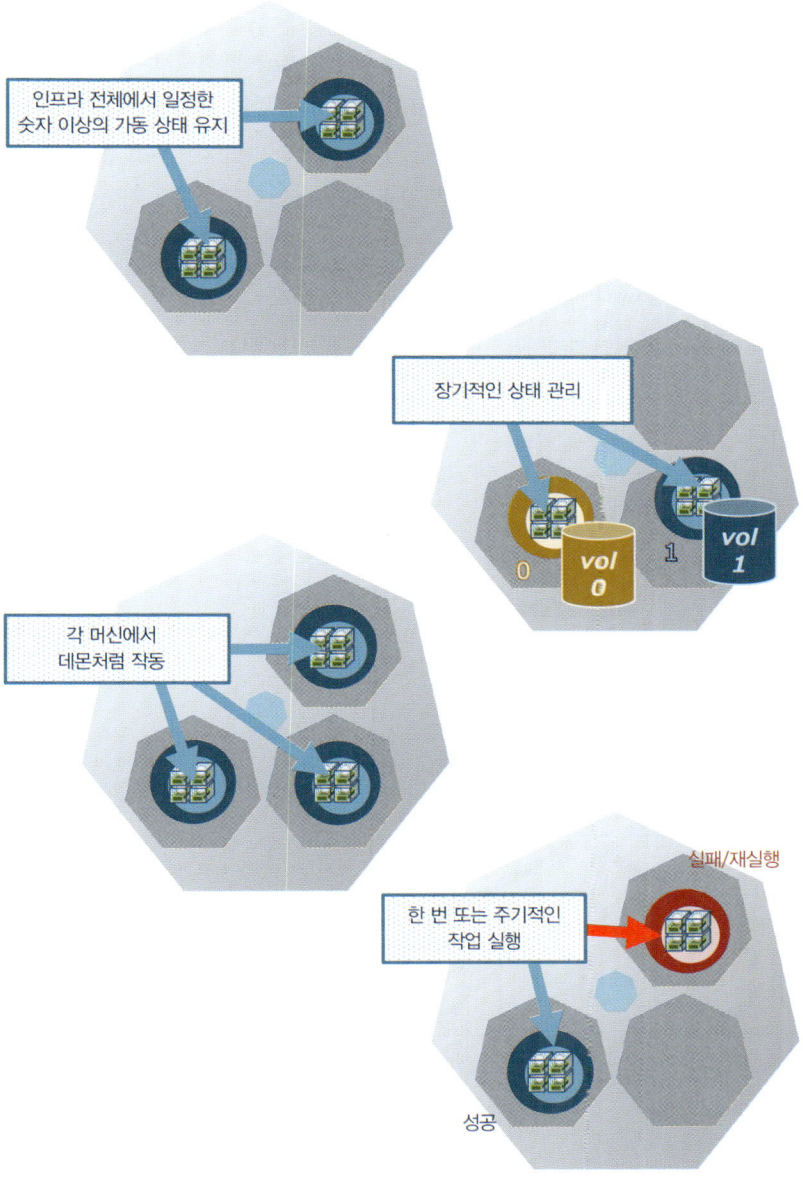

3장 쿠버네티스 개요 103

3.1.3 확장성이 뛰어난 아키텍처와 활발한 개발자 커뮤니티

마지막으로 소개할 특징은 쿠버네티스의 확장성 높은 아키텍처와 이를 지원하는 커뮤니티입니다. 쿠버네티스 자체도 우수한 컨테이너 오케스트레이션 도구이지만 사용 사례에 따라서는 쿠버네티스를 커스터마이징하거나 기능을 추가해야 합니다. 이때 유용한 특징이 바로 쿠버네티스의 확장성이 뛰어난 아키텍처입니다. 쿠버네티스는 다양한 확장 방법을 지원합니다.[1] 이 절에서 그중 몇 가지를 소개하겠습니다.

다음 절에서 설명하겠지만 쿠버네티스는 관리 정보를 HTTP API로 공개하기 때문에, 사용자는 API로 조작해서 이상적인 상태를 선언하거나 애플리케이션 관련 상태를 확인할 수 있습니다(그림 3-3).

▼ 그림 3-3 컨트롤러와 쿠버네티스 API

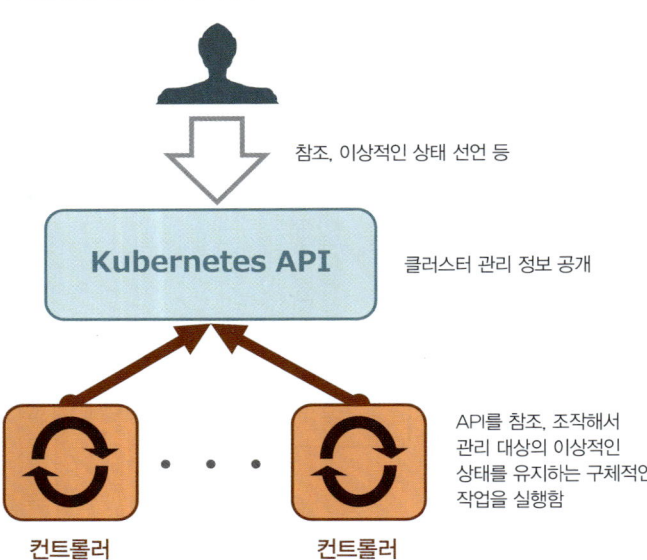

---

1 다양한 확장 패턴 https://kubernetes.io/docs/concepts/extend-kubernetes/#extension-patterns

API를 참조하고 조작해서 사용자가 정의한 이상적인 상태를 유지하도록 컨테이너 실행 개수를 유지하는 등 구체적인 관리 작업을 하는 컴포넌트를 **컨트롤러**[2]라고 합니다.

쿠버네티스는 기본적인 기능을 제공하는 컨트롤러가 이미 있지만, 사용 사례에 따라 서드파티 또는 직접 구현한 컨트롤러를 플러그인해서 기능을 확장하고 외부 플랫폼과 통합할 수 있습니다. 예를 들어 나중에 설명할 서비스 그룹의 로드 밸런싱을 담당하는 인그레스(Ingress) 기능의 경우, GKE 같은 클라우드 제공업체가 자사 로드밸런서와 쿠버네티스의 인그레스 기능을 통합하는 데 사용하는 컨트롤러를 제공합니다.[3] 책에서는 자세히 다루지 않지만 쿠버네티스에는 API 자체를 확장해서 기본 쿠버네티스에 없는 새로운 관리 대상을 정의할 수 있는 **커스텀 리소스** 기능도 있습니다.

또한 쿠버네티스는 클라이언트 명령어(3.2절에서 소개하는 kubectl), 네트워크와 스토리지 관련 컴포넌트, 노드에서 컨테이너 작성을 담당하는 컨테이너 런타임 등 다양한 부분이 교체 가능(pluggable)합니다. 이러한 확장성을 활용해 쿠버네티스를 둘러싼 수많은 커뮤니티에서 다양한 컴포넌트와 도구가 개발되고 있습니다.

쿠버네티스 자체도 1장에서 소개한 Cloud Native Computing Foundation (CNCF)을 중심으로 개발된 OSS 프로젝트이며, 커뮤니티 기반으로 개발이 진행 중입니다. 그 외에 주변 프로젝트도 플러그인뿐만 아니라 쿠버네티스 기반의 서버리스 인프라, 엣지 컴퓨팅 인프라, 그리고 쿠버네티스 구축 자체를 자동화하는 도구 등 다양한 프로젝트가 있습니다. 이 프로젝트 중 일부는 CNCF가 Cloud Native Landscape[4] 페이지에서도 소개합니다.

---

[2] https://kubernetes.io/docs/concepts/architecture/controller
[3] https://kubernetes.io/docs/concepts/services-networking/ingress-controllers
[4] https://landscape.cncf.io

3.2 쿠버네티스 클러스터와 kubectl

이 절에서는 쿠버네티스 기본 용어 몇 가지와 쿠버네티스를 조작하는 데 사용하는 클라이언트 도구 kubectl을 실제로 쿠버네티스를 조작하는 예제와 함께 알아보겠습니다. 먼저 쿠버네티스의 전체적인 모습을 살펴봅시다(그림 3-4).

▼ 그림 3-4 클러스터, 컨트롤 플레인, 노드

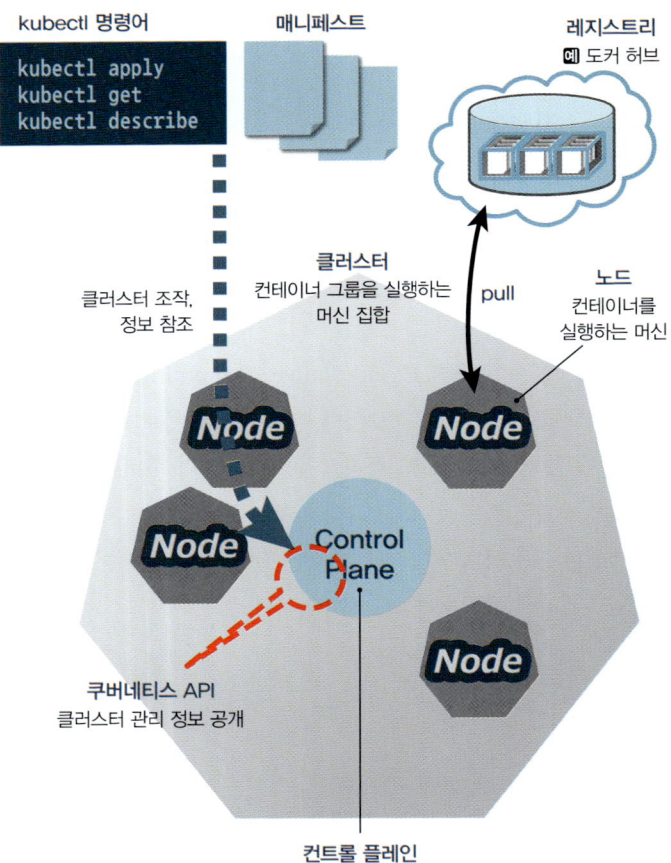

컨테이너 그룹을 실행하는 머신 집합을 **클러스터**(cluster)라고 하고, 각 컨테이너가 실행되는 머신을 **노드**(node)라고 합니다. 도커와 마찬가지로 컨테이너 기반이 되는 이미지는 레지스트리에 저장되고 컨테이너를 작성할 때 이미지를 노드에 풀로 가져와서 실행합니다. 쿠버네티스 클러스터 전체의 관리를 담당하는 컴포넌트를 **컨트롤 플레인**(control plane)이라고 합니다. 컨트롤 플레인은 컨테이너 실행 개수 유지를 비롯하여 기본적인 관리를 담당하는 컨트롤러(kube-controller-manager)와 컨테이너 배포 스케줄링(실행 노드 선택)하는 스케줄러(kube-scheduler) 같은 컴포넌트를 포함합니다.

앞서 설명했듯이 쿠버네티스 사용자는 클러스터에서 실행하는 애플리케이션의 이상적인 상태를 선언하거나 이런 상태를 확인할 수 있습니다. 클러스터 전체의 관리 정보를 공개하고 관리 정보 조회와 변경 요청을 HTTP API로 받는 API 서버(kube-apiserver)도 컨트롤 플레인에 포함됩니다.

사용자나 쿠버네티스에서 작동하는 각 컴포넌트는 이런 API를 사용해서 클러스터를 조작합니다. 하지만 사람이 쿠버네티스 클러스터를 관리하면서 직접 API를 호출한다면 꽤 번거롭습니다. 그래서 API 조작을 쉽게 명령어로 정리한 kubectl 명령어를 사용하면 편리합니다.

예를 들어 예제 3-1 명령어는 nginx를 쿠버네티스 클러스터에 3.4절에서 설명하는 디플로이먼트[5](Deployment) 형식으로 배포합니다(그림 3-5).

참고로 이후 이 장에 나오는 코드는 구글 쿠버네티스 엔진(Google Kubernetes Engine, GKE 버전 v1.27.3-gke.100)을 사용해서 3개의 노드 구성으로 만든 쿠버네티스 클러스터에서 동작을 확인했습니다.

예제 3-1 kubectl 명령어 사용 예시(nginx 배포)

```
$ kubectl create deployment nginx-deployment --image=rginx:1.25
deployment.apps/nginx-deployment created
```

5　역주　쿠버네티스 설정에서 지정하는 배포 형식을 의미하는 곳은 디플로이먼트(Deployment) 용어로 번역했습니다.

▼ 그림 3-5 디플로이먼트(Deployment)와 파드(Pod) 작성

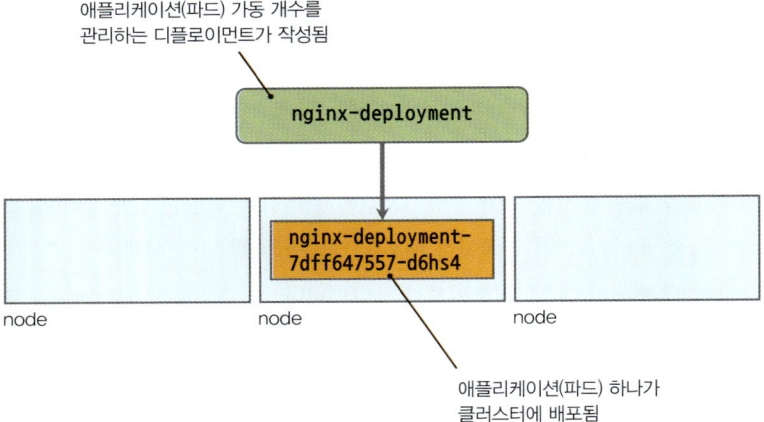

애플리케이션 배포 상태는 kubectl get 명령어로 확인할 수 있습니다(예제 3-2). 이 예에서는 가동한 컨테이너 그룹을 담당하는 디플로이먼트 nginx-deployment를 작성합니다. nginx 컨테이너(정확하게는 파드라는 실행 단위)가 nginx-deployment-7dff647557-d6hs4 이름으로 1개가 실행된 상태입니다.

예제 3-2 kubectl 명령어 사용 예시(애플리케이션 배포 상태 확인)

```
$ kubectl get deployments      디플로이먼트가 작성되어 있음
NAME                READY   UP-TO-DATE   AVAILABLE   AGE
nginx-deployment    1/1     1            1           14s
$ kubectl get pods             컨테이너(파드) 1개가 실행됨
NAME                                    READY   STATUS    RESTARTS   AGE
nginx-deployment-7dff647557-d6hs4       1/1     Running   0          23s
```

디플로이먼트를 삭제하려면 kubectl delete 명령어를 사용하면 됩니다(예제 3-3).

예제 3-3 kubectl 명령어 사용 예시(nginx 디플로이먼트 삭제)

```
$ kubectl delete deployment nginx-deployment
deployment.apps "nginx-deployment" deleted
```

코드 3-1 nginx를 배포하는 매니페스트 예제(nginx-deployment.yaml)

```
apiVersion: apps/v1
kind: Deployment
metadata:
  name: nginx-deployment
spec:
  replicas: 1
  selector:
    matchLabels:
      app: nginx
  template:
    metadata:
      labels:
        app: nginx
    spec:
      containers:
      - name: nginx
        image: nginx:1.25    nginx 이미지를 컨테이너로 실행
        ports:
        - containerPort: 80
```

디플로이먼트와 파드는 다음 절에서 알아보겠습니다. 지금은 kubectl 명령어를 사용해서 쿠버네티스 클러스터에서 컨테이너를 실행하거나 상태를 확인하는 등 쿠버네티스를 대상으로 조작할 수 있다는 점만 기억해두기 바랍니다.

앞의 예제 3-1 예제에서는 kubectl 명령어만 써서 애플리케이션을 배포했지만, 동일한 설정을 코드 3-1의 YAML 또는 JSON 형식의 설정 파일로 작성해서 쿠버네티스 클러스터에 선언(적용)할 수 있습니다.

작성한 매니페스트를 쿠버네티스 클러스터에 선언하려건 예제 3-4처럼 kubectl apply 명령어를 -f 옵션과 함께 사용합니다. 명령어를 실행한 후에 kubectl get 명령어로 배포 상태를 확인하면 이전 예제와 마찬가지로 nginx-deployment 디플로이먼트가 작성되고 컨테이너(파드) 1개가 이번에는 nginx-deployment-79b55879bb-wj464라는 이름으로 실행되는 모습을 확인할 수 있습니다.

예제 3-4 kubectl 명령어 사용 예시(매니페스트를 사용해서 nginx 배포)

```
$ kubectl apply -f nginx-deployment.yaml     매니페스트를 사용해서 선언
deployment.apps/nginx-deployment created
$ kubectl get deploy,pods    디플로이먼트 1개와 컨테이너(파드) 1개가 가동 중
NAME                                READY   UP-TO-DATE   AVAILABLE   AGE
deployment.apps/nginx-deployment    1/1     1            1           7s

NAME                                        READY   STATUS    RESTARTS   AGE
pod/nginx-deployment-79b55879bb-wj464       1/1     Running   0          7s
```

이처럼 kubectl과 매니페스트를 사용해서 쿠버네티스를 조작할 수 있습니다. 쿠버네티스는 이런 방법으로 적용한 설정에 따라 노드에 장애가 발생해서 컨테이너가 종료되더라도 다른 정상적인 노드에 자동으로 복구를 시도하는 등 클러스터 상태를 유지하기 위한 다양한 관리를 대신해줍니다.

다음 절에서는 예제에 등장한 파드와 디플로이먼트를 비롯한 쿠버네티스의 주요 관리 대상을 살펴보면서 컨테이너 관리 자동화 작업에 어떻게 사용하는지 설명하겠습니다.

3.3 쿠버네티스의 기본 배포 단위: 파드

지금까지 쿠버네티스를 컨테이너 그룹을 관리하는 오케스트레이터라고 설명했습니다. 쿠버네티스에서 애플리케이션은 도커와 마찬가지로 컨테이너로 실행됩니다. 도커는 컨테이너 1개가 기본 단위이지만, 쿠버네티스에서 가장 기본적인 배포 단위는 하나 이상의 관련된 컨테이너 그룹을 묶은 **파드**(Pod)입니다.

이 절에서는 기본 실행 단위인 파드와 클러스터에서 작동하는 파드 그룹 등의 관리 대상을 그룹화하는 데 편리한 **레이블**(label) 개념을 알아보겠습니다.

3.3.1 파드와 컨테이너

파드는 하나 이상의 컨테이너를 한꺼번에 묶어서 관리할 수 있는 배포 단위입니다(그림 3-6).

▼ 그림 3-6 파드 예제

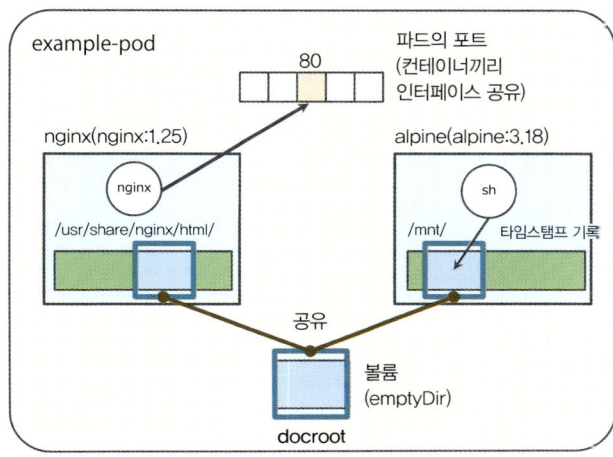

파드 1개에 컨테이너 1개만 포함해도 되고, 관련된 여러 컨테이너를 파드 1개에 포함할 수도 있습니다.

하나의 파드에 포함된 컨테이너 그룹은 동일한 노드에 배포되고 네트워크 인터페이스와 스토리지 할당 등을 공유합니다. 쿠버네티스는 IP 주소를 파드마다 할당하므로 파드끼리 서로 다른 IP 주소를 사용해서 통신할 수 있습니다. 그리고 파드 내부의 컨테이너는 localhost로 서로 통신할 수 있습니다.

그림 3-6과 같이 코드 3-2의 파드는 2개의 컨테이너를 포함합니다.[6]

코드 3-2 파드 예제(pod-example.yaml)

```yaml
apiVersion: v1
kind: Pod
metadata:
  name: example-pod
spec:
  containers:
  # 공유 볼륨의 데이터를 80번 포트로 공개하는 nginx 컨테이너
  - name: nginx
    image: nginx:1.25
    ports:
    - containerPort: 80
    # 컨테이너끼리 공유하는 볼륨을 /usr/share/nginx/html/에 마운트
    volumeMounts:
      - mountPath: /usr/share/nginx/html/
        name: docroot
  # 공유 볼륨에 데이터를 기록하는 컨테이너
  - name: alpine
    image: alpine:3.18
    command: ["sh"]
    args:
    - -euc
    - |
      for i in $(seq 1 10) ; do
        echo '{"date": "'$(date)'"}' >> /mnt/date.json
```

---

[6] 예제의 설정은 일부 항목입니다. 그 외에도 컨테이너 환경 변수, 파드 상태를 쿠버네티스에 공유하는 파드 등 다양한 설정을 할 수 있습니다(https://kubernetes.io/docs/concepts/workloads/pods/).

```
      sleep 3
    done ; sleep infinity
  컨테이너끼리 공유하는 볼륨을 /mnt/에 마운트
  volumeMounts:
  - mountPath: /mnt/
    name: docroot
컨테이너끼리 공유하는 볼륨(이후에 설명하는 emptyDir 사용)
volumes:
- name: docroot
  emptyDir:
    sizeLimit: 500Mi
```

첫 번째는 nginx를 실행하는 컨테이너로 80번 포트에서 HTTP 접속을 받습니다. 두 번째는 alpine 컨테이너[7]로 셸 스크립트를 실행해서 일정 시간마다 타임스탬프를 파일에 기록합니다. 두 번째 컨테이너는 docroot 볼륨(3.5절에서 설명하는 쿠버네티스가 관리하는 스토리지 영역)을 공유하고 이 볼륨을 각 컨테이너의 디렉터리에 마운트합니다. 볼륨을 통해서 alpine 컨테이너가 저장한 데이터가 nginx 컨테이너에 공유되고, nginx 서버는 파일 내용을 80번 포트로 공개합니다. 컨테이너끼리 네트워크 인터페이스도 공유하기 때문에 예제 3-5처럼 alpine 컨테이너에서 wget 명령어로 nginx가 접속 대기(listen) 포트로 사용하는 80번 포트에 localhost 주소를 사용해서 접속할 수 있습니다. kubectl exec는 컨테이너에 새로운 명령어를 실행하는 명령어입니다.

예제 3-5 컨테이너끼리 공유하는 localhost에 접속

```
$ kubectl apply -f pod-example.yaml
pod/example-pod created
$ kubectl exec -it example-pod -c alpine -- wget -qO - localhost:80/date.json | head -n 3
{"date": "Mon Mar 24 05:45:20 UTC 2025"}
{"date": "Mon Mar 24 05:45:23 UTC 2025"}
{"date": "Mon Mar 24 05:45:26 UTC 2025"}
```

---

[7] https://hub.docker.com/_/alpine

작성한 파드는 kubectl delete 명령어로 삭제할 수 있습니다(예제 3-6).

예제 3-6 파드 삭제

```
$ kubectl delete -f pod-example.yaml
pod "example-pod" deleted
```

이러한 특징 덕분에 파드는 논리적인 호스트 환경으로 여겨지며, 컨테이너 그룹은 그 내부에서 동작하는 관련성이 깊은 애플리케이션 모음으로 간주합니다. 일반적으로 1개의 컨테이너는 애플리케이션 1개만 포함하는데, 파드를 사용하면 이런 상태를 유지하면서 관련성이 깊은 여러 애플리케이션을 하나로 묶어서 다룰 수 있습니다.

▼ 그림 3-7 레이블과 셀렉터(디플로이먼트 예제)

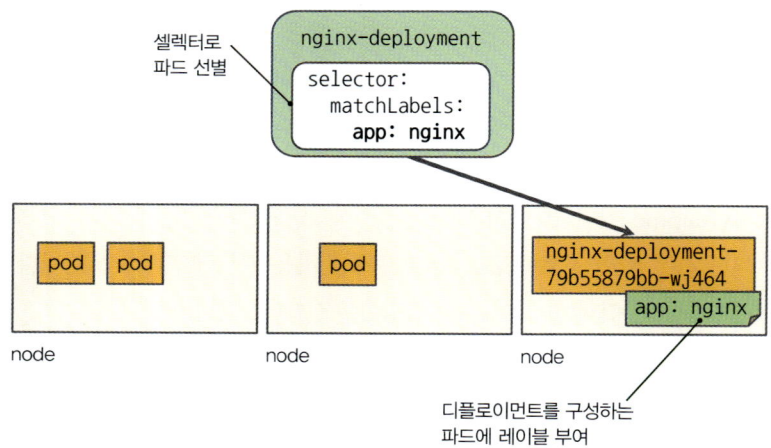

1개의 파드에 컨테이너를 배치하는 방법, 이른바 **디자인 패턴**(design pattern)[8]은 다양합니다. 쿠버네티스 블로그[9]에서 소개하는 **사이드카 컨테이너**(sidecar containers) 패턴은 메인 컨테이너 기능을 확장하는 컨테이너를 동일한 파드에

---

[8] 역주 개발하면서 자주 발생하는 반복적인 문제(패턴)를 푸는 일반적인 해결책을 뜻합니다.
[9] https://kubernetes.io/blog/2015/06/the-distributed-system-toolkit-patterns

함께 배치합니다. 사이드카로 실행하는 컨테이너의 예로는 메인 웹 서버 컨테이너의 파일시스템을 깃 리포지터리에 동기화하는 경우와 메인 애플리케이션 컨테이너 로그를 수집하는 경우 등을 들 수 있습니다.

이 블로그에는 그 외에도 메인 컨테이너에 프록시 기능을 제공하는 **앰배서더**(ambassador) **패턴**, 서로 다른 컨테이너에서 통일된 데이터를 파드 외부에 제공하는, 예를 들어 모니터링 데이터를 공개하는 **어댑터**(adapter) **패턴**처럼 다양한 패턴을 소개하고 있습니다.

3.3.2 레이블과 애너테이션

대규모 서비스라면 파드와 관리 대상(이후에 설명)도 수백~수천 개 이상으로 크게 증가하기 때문에 일일이 관리하기 쉽지 않습니다.

쿠버네티스에는 이런 대상을 그룹화하고 추가 정보를 적절하게 부여하는 기능이 있습니다. 바로 **레이블**(label)과 **애너테이션**(annotation)인데 키와 값의 쌍으로 구성됩니다. 파드뿐만 아니라 다음 절에서 설명하는 다양한 관리 대상에 부여할 수 있습니다.

레이블을 부여한 관리 대상은 **셀렉터**(selector)를 사용해서 대상을 선별합니다. 앞에서 본 예제는 코드 3-3처럼 각 파드에 app: nginx 레이블을 부여하고 해당 레이블로 구성된 파드를 모아서 하나의 디플로이먼트를 작성했습니다(그림 3-7).

코드 3-3 매니페스트에서 레이블과 셀렉터를 지정하는 예제(코드 3-1에서 발췌)

```
생략
spec:
  replicas: 1
  selector:
    matchLabels:
      app: nginx      레이블로 파드 선별
```

```
  template:
    metadata:
      labels:
        app: nginx     각 파드에 레이블 부여
생략
```

애너테이션은 레이블처럼 관리 대상에 부여할 수 있는 키와 값의 쌍이지만 셀렉터를 지정할 수 없습니다. 주로 쿠버네티스를 구성하는 컴포넌트와 주변 도구용 추가 정보를 부여하는 데 사용합니다.

3.4 애플리케이션 배포

3.1절에서 설명한 것처럼 쿠버네티스는 다양한 애플리케이션 배포 형식을 지원합니다. 자동 복구와 스케일링, 컨테이너 그룹 업데이트 같은 배포와 관련된 작업 일부는 쿠버네티스로 자동화할 수 있습니다. 이 절에서는 파드 그룹을 클러스터에 배포하는 데 쿠버네티스가 지원하는 기본적인 다섯 가지 기능을 알아보겠습니다.

3.4.1 디플로이먼트

앞의 예제에서도 등장한 디플로이먼트는 파드 그룹을 정해진 숫자만큼 유지하면서 클러스터에서 운영할 때 유용합니다. 이 절에서는 디플로이먼트가 제공하는 파드 스케일링, 자동 복구, 업데이트 관련 기능을 살펴봅니다. 디플로이먼트뿐만 아니라 이후에 설명하는 다른 배포 형식도 일부 비슷한 기능을 제공합니다.

디플로이먼트는 파드 그룹을 스케일링할 수 있습니다. 예를 들어 코드 3-1의 매니페스트를 코드 3-4처럼 파드 개수를 변경해봅시다. 그리고 예제 3-7처럼 kubectl apply 명령어로 다시 쿠버네티스 클러스터를 선언합니다. 그러면 쿠버네티스는 매니페스트에 따라 새로운 파드를 노드에 스케일링해서 실행합니다. 마찬가지로 예제 3-7의 kubectl get 명령어로 확인하면 가동 중인 파드 수가 3개로 늘어난 것을 알 수 있습니다(그림 3-8).

디플로이먼트 기능에는 **셀프 힐링**(Self-Healing)이 있습니다. 노드에 장애가 발생하거나 파드 동작 불량으로 클러스터 전체의 파드 가동 개수가 지정한 숫자보다 줄어들면 자동적으로 새로운 파드를 실행해서 복구를 시도하는 기능입니다.

예를 들어 클러스터에 노드 고장이 발생했다면 고장 난 노드에서 작동하던 파드도 다운 상태가 됩니다. 그러면 클러스터 전체에서 가동된 파드 개수가 설정된 개수보다 적어집니다. 따라서 가동 중인 파드 개수가 다시 설정한 이상적인 개수를 유지하도록 디플로이먼트는 새로운 파드를 작성해서 클러스터에 일정한 개수의 파드가 언제나 가동 중인 상태를 유지하려고 합니다.

코드 3-4 디플로이먼트가 파드를 스케일 아웃[10]하는 예제(nginx-deployment-3.yaml)

```yaml
apiVersion: apps/v1
kind: Deployment
metadata:
  name: nginx-deployment
spec:
  replicas: 3        가동할 파드 개수를 1 -> 3으로 변경
  selector:
    matchLabels:
      app: nginx
  template:
    metadata:
      labels:
        app: nginx
    spec:
      containers:
      - name: nginx
        image: nginx:1.25
        ports:
        - containerPort: 80
```

---

10 역주 스케일 아웃(scale out)은 컨테이너 파드 같은 자원을 추가해서 시스템을 확장하는 작업을 의미합니다.

예제 3-7 디플로이먼트로 파드를 스케일 아웃하는 예시

```
$ kubectl apply -f nginx-deployment-3.yaml   파드 개수를 변경한 매니페스트 선언
deployment.apps/nginx-deployment configured
$ kubectl get deploy,pods       가동 중인 파드 개수가 3개로 늘어남
NAME                              READY   UP-TO-DATE   AVAILABLE   AGE
deployment.apps/nginx-deployment   3/3     3            3           81s

NAME                                      READY   STATUS    RESTARTS   AGE
pod/nginx-deployment-79b55879bb-g5q9f      1/1     Running   0          17s
pod/nginx-deployment-79b55879bb-wj464      1/1     Running   0          82s
pod/nginx-deployment-79b55879bb-xtbt4      1/1     Running   0          17s
```

▼ 그림 3-8 디플로이먼트 스케일 아웃

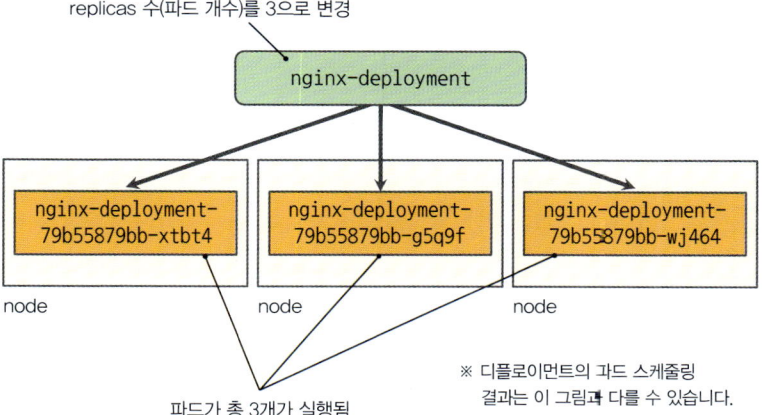

실제로 셀프 힐링 예제를 보겠습니다(그림 3-9). 디플로이먼트 내용을 보면 nginx 파드 3개를 클러스터에서 실행하는 상태를 유지합니다. 이때 파드 동작에 문제가 생긴 상황과 유사한 상황이 되도록 kubectl delete pod 명령어를 실행해 수동으로 파드 하나를 삭제합니다(예제 3-8).

▼ 그림 3-9 셀프 힐링 예

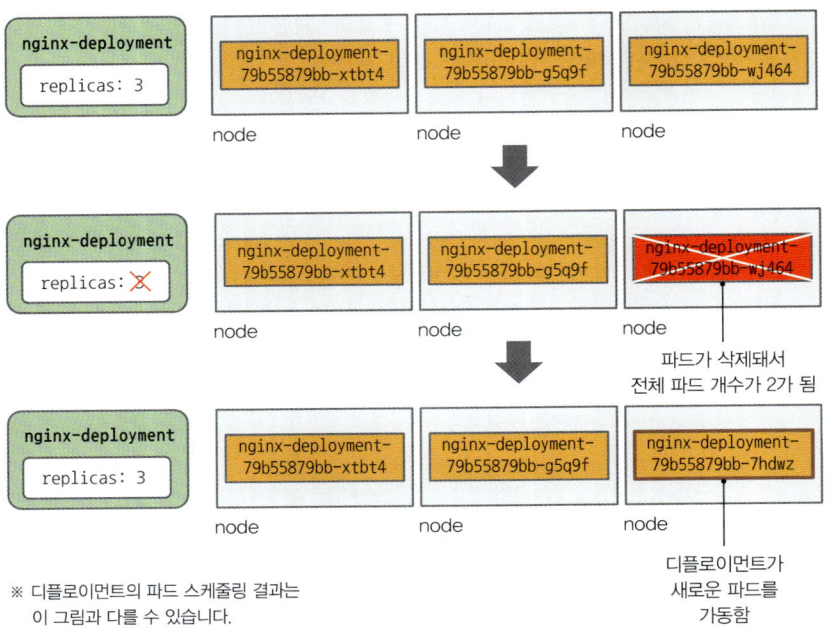

※ 디플로이먼트의 파드 스케줄링 결과는
　이 그림과 다를 수 있습니다.

예제 3-8 파드 삭제

```
$ kubectl delete pod nginx-deployment-79b55879bb-wj464
pod "nginx-deployment-79b55879bb-wj464" deleted
```

그러면 일시적으로 클러스터에 파드 총 개수가 3보다 적어집니다. 매니페스트는 파드 3개가 가동된다고 설정했으므로 디플로이먼트는 새로운 nginx 파드를 자동으로 가동해서 클러스터를 이상적인 상태로 유지합니다.

예제 3-9처럼 다시 kubectl get을 실행해서 파드 목록을 확인하면 삭제된 nginx-deployment-79b55879bb-wj464 파드 대신에 새로운 nginx-deployment-79b55879bb-7hdwz 파드가 실행돼서 전체 실행 파드 개수는 3을 유지합니다.

예제 3-9 디플로이먼트에 포함된 파드가 재작성된 모습

```
$ kubectl get deploy,pods              가동 중인 파드 개수가 3개로 유지됨
NAME                                 READY   UP-TO-DATE   AVAILABLE   AGE
deployment.apps/nginx-deployment     3/3     3            3           2m51s

NAME                                         READY   STATUS    RESTARTS   AGE
pod/nginx-deployment-79b55879bb-7hdwz        1/1     Running   0          17s
pod/nginx-deployment-79b55879bb-g5q9f        1/1     Running   0          106s
pod/nginx-deployment-79b55879bb-xtbt4        1/1     Running   0          106s
```

또한 디플로이먼트는 업데이트와 롤백(클러스터를 과거 상태로 되돌리기)할 때도 편리한 기능을 제공합니다. 가장 단순한 업데이트와 롤백은 현재 가동 중인 버전의 파드를 모두 삭제하고 새로운 버전의 파드를 일괄적으로 재배포하는 방식입니다.

쿠버네티스는 이런 단순한 방식도 지원하지만, 일정 개수의 파드가 클러스터에서 언제나 가동 중인 상태를 유지하면서 파드 그룹을 점진적으로 업데이트 또는 롤백하는 **롤링 업데이트**(rolling update) 방식도 지원합니다. 이런 방식으로 서비스 중단 없이 디플로이먼트를 업데이트할 수 있습니다.

그러면 디플로이먼트가 파드를 롤링 업데이트하는 예제를 살펴봅시다(그림 3-10).

▼ 그림 3-10 롤링 업데이트 예

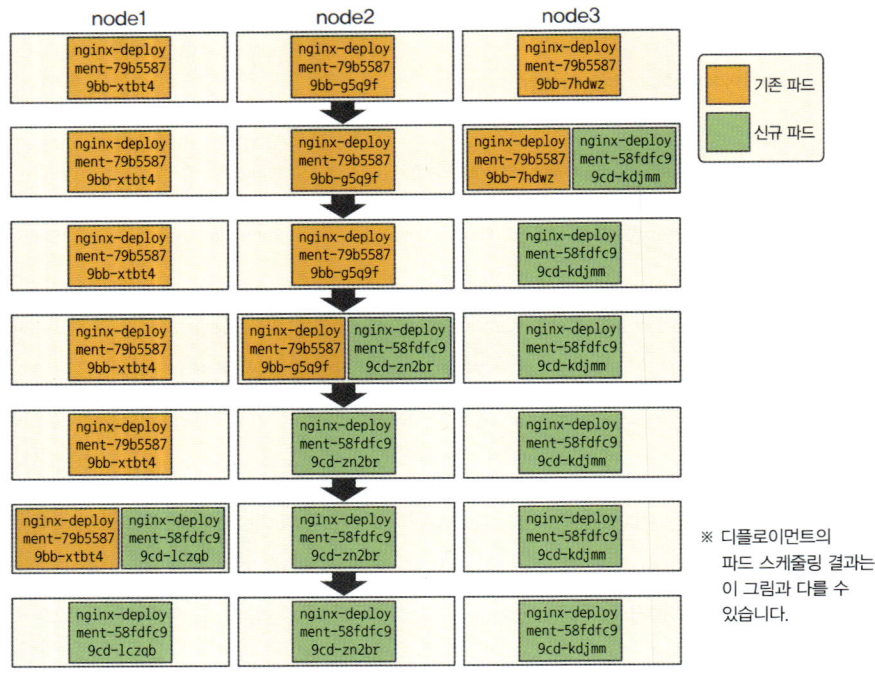

※ 디플로이먼트의
파드 스케줄링 결과는
이 그림과 다를 수
있습니다.

지금까지 사용한 코드 3-4 매니페스트는 데비안 리눅스 기반 nginx:1.25 이미지를 사용해서 nginx 파드를 작성했습니다. 이 nginx 파드 이미지를 알파인 리눅스[11] 기반 nginx:1.25-alpine으로 변경해봅시다(코드 3-5).

코드 3-5 디플로이먼트로 파드를 업데이트하는 예제(nginx-deployment-alpine.yaml)

```
apiVersion: apps/v1
kind: Deployment
metadata:
  name: nginx-deployment
spec:
  replicas: 3
```

---

11 역주 다른 리눅스 배포판에 비해 이미지 크기가 5MB 정도로 가벼워서 도커 이미지로 자주 사용하는 리눅스 배포판입니다.

```
    selector:
      matchLabels:
        app: nginx
    template:
      metadata:
        labels:
          app: nginx
      spec:
        containers:
        - name: nginx
          image: nginx:1.25-alpine    이미지를 nginx:1.25에서 nginx:1.25-
alpine으로 변경
          ports:
          - containerPort: 80
```

파드를 업데이트하려면 이미지 이름을 변경한 매니페스트를 새로 kubectl apply로 선언합니다(예제 3-10).

예제 3-10 디플로이먼트의 이미지 변경

```
$ kubectl apply -f nginx-deployment-alpine.yaml
deployment.apps/nginx-deployment configured
```

그러면 새로 선언된 매니페스트에 따라 쿠버네티스는 구체적인 파드 업데이트 작업을 시작합니다. 롤링 업데이트가 활성화되어 있으므로 파드가 점진적으로 교체되도록 신규 파드 작성과 기존 파드 삭제 작업을 교대로 실시합니다. 예제 3-10의 명령어를 실행한 후에 곧바로 예제 3-11처럼 kubectl get deployments 명령어를 -w 옵션과 함께 실행하면 디플로이먼트의 파드 개수 변화를 관찰할 수 있습니다.[12] AVAILABLE은 사용 가능 파드 개수를 의미하고 업데이트 중에도 언제나 일정 개수(최소 3) 이상의 파드가 사용 가능 상태임을 알 수 있습니다.

---

[12] 실행 시점부터 파드 수 변화 등이 바로 표시됩니다.

예제 3-11 디플로이먼트로 파드가 롤링 업데이트되는 모습

```
$ kubectl get deployments nginx-deployment -w
NAME               READY   UP-TO-DATE   AVAILABLE   AGE
nginx-deployment   3/3     1            3           3m57s
nginx-deployment   4/3     1            4           3m57s   첫 번째 신규
                                                            파드 가동 완료
nginx-deployment   3/3     1            3           3m57s   기존 파드 1개
                                                            삭제
nginx-deployment   3/3     2            3           3m58s
nginx-deployment   4/3     2            4           3m59s   두 번째 신규
                                                            파드 가동 완료
nginx-deployment   3/3     2            3           3m59s   기존 파드 1개
                                                            삭제
nginx-deployment   3/3     3            3           3m59s
nginx-deployment   4/3     3            4           4m      세 번째 신규
                                                            파드 가동 완료
nginx-deployment   3/3     3            3           4m      기존 파드 1개
                                                            삭제
```

최종적으로 kubectl get pods로 파드 목록을 확인하면 이미지가 모두 새로운 nginx:1.25-alpine으로 교체되었습니다(예제 3-12).

예제 3-12 디플로이먼트의 이미지 변경 여부 확인

```
$ kubectl get pods -l app=nginx -o custom-columns=NAME:.metadata.
name,IMAGE:.spec.containers[0].image,STATUS:.status.phase
NAME                                  IMAGE               STATUS
nginx-deployment-58fdfc99cd-kdjmm     nginx:1.25-alpine   Running
nginx-deployment-58fdfc99cd-lczqb     nginx:1.25-alpine   Running
nginx-deployment-58fdfc99cd-zn2br     nginx:1.25-alpine   Running
```

작성한 디플로이먼트는 kubectl delete로 삭제할 수 있습니다(예제 3-13).

예제 3-13 디플로이먼트 삭제

```
$ kubectl delete -f nginx-deployment-alpine.yaml
deployment.apps "nginx-deployment" deleted
```

3.4.2 스테이트풀셋

파드와 컨테이너는 장기적인 상태를 유지하지 않는 스테이트리스(stateless) 또는 일시적(ephemeral)인 실행 단위입니다. 파드는 영구적 데이터를 저장하지 않아서 파드가 종료되면 파일시스템에 기록된 내용도 삭제됩니다. 하지만 서비스 특성상 영구적인 데이터가 없이 구현하기 어렵거나, 데이터베이스처럼 장기적인 상태를 저장하는 애플리케이션을 컨테이너로 구성해야 할 때도 있습니다. 쿠버네티스는 이런 사용 사례에 적합한 **스테이트풀**(stateful) 컨테이너의 실행도 지원합니다.

스테이트풀셋(StatefulSet)은 스테이트풀 파드 관리에 유용한 기능입니다. 디플로이먼트는 관리하는 파드 그룹을 전부 동일하게 획일적으로 다루지만, 스테이트풀셋은 관리 대상 파드 그룹에 포함된 각 파드를 구별해서 다룹니다. 우선 각 파드에 각자 고유한 인덱스(번호)와 호스트명을 부여합니다. 나중에 설명할 헤드리스 서비스(Headless Service) 기능[13]과 조합하면 쿠버네티스 클러스터 내부 DNS에서 각 파드에 대해 다음과 같은 형식의 이름을 얻을 수 있어서, 이 주소를 통해 각 파드를 독립적으로 다루거나 또는 협력적으로 다룰 수 있습니다.[14]

```
$(스테이트풀셋명)-$(인덱스).$(서비스명).$(네임스페이스).svc.cluster.local
```

스케일링을 통한 파드 작성이나 삭제는 인덱스 순서대로 이루어집니다. 예를 들어 인덱스 0번 파드로 다른 인덱스의 파드가 의존하는 애플리케이션(메인 데이터베이스 등)이 작동한다면 반드시 가장 먼저 가동되고 마지막에 삭제되도록

---

[13] https://kubernetes.io/docs/concepts/services-networking/service/#headless-services
[14] 쿠버네티스의 네임스페이스는 클러스터 관리 대상(디플로이먼트, 서비스 등) 이름을 격리하는 데 사용하는 기능이라서 서로 다른 네임스페이스라면 동일한 이름을 다른 용도로 사용할 수 있습니다. 이 책에서는 쿠버네티스가 자동으로 작성하는 default 네임스페이스에서 작업합니다(https://kubernetes.io/docs/concepts/overview/working-with-objects/namespaces).

관리합니다. 스테이트풀셋은 롤링 업데이트도 지원해서 인덱스가 큰 순서부터 업데이트합니다.[15]

▼ 그림 3-11 스테이트풀셋과 volumeClaimTemplate

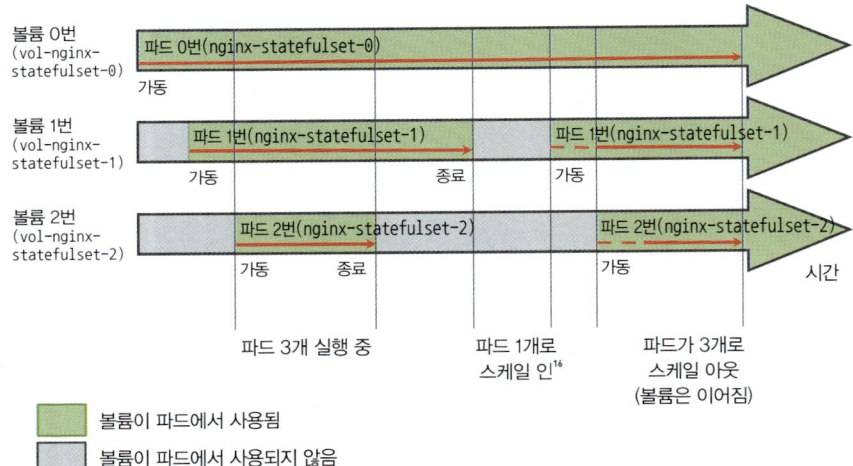

또한 각 파드에는 고유의 볼륨(영구 데이터 저장 구역)을 할당할 수 있습니다. 그림 3-11에서 인덱스 1 파드(nginx-statefulset-1)에는 대응하는 볼륨(vol-nginx-statefulset-1)이 할당됩니다. 해당 파드를 종료하고 다시 같은 인덱스로 가동하면, 전에 실행했을 때 할당된 볼륨을 이전과 똑같은 데이터를 저장한 상태로 다시 사용할 수 있습니다. 따라서 파드는 종료 전과 재실행 후에 일관된 인덱스와 데이터를 이어받은 형태로 장기적인 동작을 유지할 수 있습니다.

스테이트풀셋을 사용한 파드 생명주기의 구체적인 예제를 살펴봅시다(그림 3-11). 코드 3-6의 매니페스트는 스테이트풀셋을 사용해서 nginx 파드 3개를 클러스터에 배포합니다.

---

15 https://kubernetes.io/docs/concepts/workloads/controllers/statefulset/#rolling-updates
16 역주 스케일 인(scale in)은 늘렸던 자원(파드)을 다시 축소하는 작업으로, 스케일 아웃과 반대입니다.

코드 3-6 스테이트풀셋 예제(nginx-statefulset.yaml)

```yaml
스테이트풀셋 정의
apiVersion: apps/v1
kind: StatefulSet
metadata:
  name: nginx-statefulset
spec:
  selector:
    matchLabels:
      app: nginx
  serviceName: "nginx"
  replicas: 3        파드 3개 실행
  template:
    metadata:
      labels:
        app: nginx
    spec:
      containers:
        nginx 이미지를 실행하는 컨테이너
        - name: nginx
          image: nginx:1.25
          ports:
          - containerPort: 80
          volumeMounts:
          - name: vol       컨테이너끼리 공유하는 볼륨을 마운트
            mountPath: /usr/share/nginx/html
        타임스탬프를 기록하는 컨테이너
        - name: recorder
          image: alpine:3.18
          command: ["sh"]
          args:
          - -euc
          - |
            for i in $(seq 1 10) ; do
              echo '{"host": "'$(hostname)'", "time": "'$(date)'"}' >> /mnt/state.json
              sleep 3
            done ; sleep infinity
          volumeMounts:
          - name: vol       컨테이너끼리 공유하는 볼륨을 마운트
```

```
        mountPath: /mnt/
컨테이너끼리 공유하는 볼륨 정의(볼륨 요청)
  volumeClaimTemplates:
  - metadata:
      name: vol
    spec:
      accessModes: [ "ReadWriteOnce" ]
      resources:
        requests:
          storage: 1Gi
---
헤드리스 서비스 정의
apiVersion: v1
kind: Service
metadata:
  name: nginx
  labels:
    app: nginx
spec:
  ports:
  - port: 80
  clusterIP: None
  selector:
    app: nginx
```

예제 3-14처럼 스테이트풀셋을 작성하면 파드가 인덱스 0부터 순서대로 하나씩 가동됩니다. kind:Service라고 표시된 부분은 헤드리스 서비스를 정의하고, 스테이트풀셋의 각 파드에 IP 주소가 아니라 파드명을 사용해서 통신할 수 있도록 만듭니다.

예제 3-14 스테이트풀셋 작성

```
$ kubectl apply -f nginx-statefulset.yaml
statefulset.apps/nginx-statefulset created
service/nginx created
```

헤드리스 서비스는 다음 절에서 다시 설명합니다.

이번에 배포한 파드는 nginx 이외에도 recorder 컨테이너 1개가 실행됩니다(그림 3-12). 이 컨테이너는 가동 직후부터 타임스탬프를 일정 간격으로 출력합니다. 이 컨테이너는 vol 볼륨을 공유합니다.

▼ 그림 3-12 스테이트풀셋 매니페스트로 가동된 파드

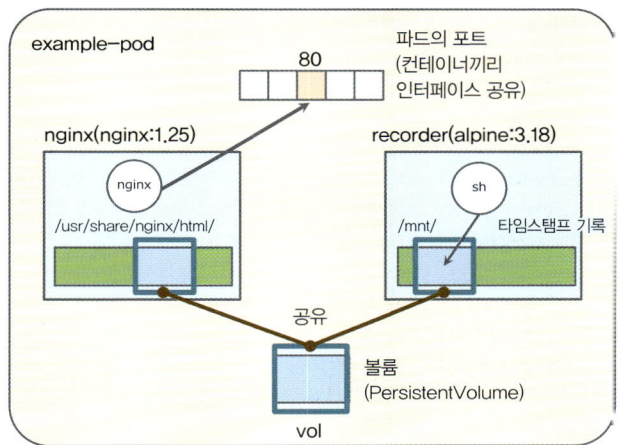

recorder는 타임스탬프를 볼륨에 기록합니다. 기록한 데이터가 볼륨을 통해서 nginx 컨테이너와 공유되고 nginx 서버는 그 내용을 80번 포트로 공개합니다. 구체적인 볼륨 정의 부분(volumeClaimTemplates)은 3.5.2절에서 설명하겠습니다.

실제로 스테이트풀셋 파드 그룹을 가동한 후에 kubectl run으로 클러스터에서 일시적인 컨테이너를 실행해서 스테이트풀셋의 각 nginx 컨테이너에 접속해보면 recorder 컨테이너에서 기록된 타임스탬프를 확인할 수 있습니다(예제 3-15).

예제 3-15 스테이트풀셋에 포함된 각 파드에 기록된 타임스탬프 확인

```
$ kubectl run --rm -it svc-client --image=alpine:3.18 --restart=Never
-- /bin/sh -euc 'for I in $(seq 0 2) ; do echo Pod: ${I} ; wget -qO -
http://nginx-statefulset-${I}.nginx.default.svc.cluster.local/state.
json | head -n 3 ; echo "" ; done'
Pod: 0      인덱스 0 파드가 볼륨에 기록하는 타임스탬프
{"host": "nginx-statefulset-0", "time": "Mon Mar 24 05:53:30 UTC 2025"}
{"host": "nginx-statefulset-0", "time": "Mon Mar 24 05:53:33 UTC 2025"}
{"host": "nginx-statefulset-0", "time": "Mon Mar 24 05:53:36 UTC 2025"}

Pod: 1      인덱스 1 파드가 볼륨에 기록하는 타임스탬프
{"host": "nginx-statefulset-1", "time": "Mon Mar 24 05:53:48 UTC 2025"}
{"host": "nginx-statefulset-1", "time": "Mon Mar 24 05:53:51 UTC 2025"}
{"host": "nginx-statefulset-1", "time": "Mon Mar 24 05:53:54 UTC 2025"}

Pod: 2      인덱스 2 파드가 볼륨에 기록하는 타임스탬프
{"host": "nginx-statefulset-2", "time": "Mon Mar 24 05:54:04 UTC 2025"}
{"host": "nginx-statefulset-2", "time": "Mon Mar 24 05:54:07 UTC 2025"}
{"host": "nginx-statefulset-2", "time": "Mon Mar 24 05:54:10 UTC 2025"}

pod "svc-client" deleted
```

실제로 파드 몇 개를 재시작하고, 파드 재시작 전후에 상태가 유지되는지 확인해봅시다.

먼저 예제 3-16처럼 kubectl scale 명령어로 스테이트풀셋을 1개(--replicas=1)로 스케일 인합니다. 그러면 파드는 인덱스가 큰 순서부터 삭제되고 최종적으로 인덱스 0만 남습니다.

예제 3-16 스테이트풀셋을 1개로 스케일 인

```
$ kubectl scale statefulsets nginx-statefulset --replicas=1
statefulset.apps/nginx-statefulset scaled
$ kubectl get pods -l=app=nginx
NAME                  READY   STATUS    RESTARTS   AGE
nginx-statefulset-0   2/2     Running   0          2m28s
```

그리고 파드 개수를 다시 3개로 스케일 아웃합니다(예제 3-17). 즉, 2개의 파드(인덱스 1과 2)가 순서대로 재작성됩니다. 이때 디플로이먼트와 다른 점은 각 인덱스의 파드는 종료 전에 사용한 볼륨이 다시 쿠버네티스에 의해서 할당된다는 것입니다. 따라서 각 파드는 재시작 후에도 이전 상태를 이어받을 수 있고 재시작해도 자신의 상태를 잃지 않습니다.

예제 3-17 스테이트풀셋을 3개로 스케일 아웃

```
$ kubectl scale statefulsets nginx-statefulset --replicas=3
statefulset.apps/nginx-statefulset scaled
```

실제로 예제 3-18처럼 각 파드 상태를 살펴보면 재시작 전(예제 3-15)과 타임스탬프 출력 결과가 동일하므로 재시작하기 이전 상태가 유지되는 것을 알 수 있습니다.

예제 3-18 스테이트풀셋에 포함된 각 파드에 기록된 타임스탬프 재확인

```
$ kubectl run --rm -it svc-client --image=alpine:3.18 --restart=Never
-- /bin/sh -euc 'for I in $(seq 0 2) ; do echo Pod: ${I} ; wget -qO -
http://nginx-statefulset-${I}.nginx.default.svc.cluster.local/state.
json | head -n 3 ; echo "" ; done'
Pod: 0      인덱스 0 파드가 볼륨에 기록하는 타임스탬프는 재시작 후에도 유지됨
{"host": "nginx-statefulset-0", "time": "Mon Mar 24 05:53:30 UTC 2025"}
{"host": "nginx-statefulset-0", "time": "Mon Mar 24 05:53:33 UTC 2025"}
{"host": "nginx-statefulset-0", "time": "Mon Mar 24 05:53:36 UTC 2025"}

Pod: 1      인덱스 1 파드가 볼륨에 기록하는 타임스탬프는 재시작 후에도 유지됨
{"host": "nginx-statefulset-1", "time": "Mon Mar 24 05:53:48 UTC 2025"}
{"host": "nginx-statefulset-1", "time": "Mon Mar 24 05:53:51 UTC 2025"}
{"host": "nginx-statefulset-1", "time": "Mon Mar 24 05:53:54 UTC 2025"}

Pod: 2      인덱스 2 파드가 볼륨에 기록하는 타임스탬프는 재시작 후에도 유지됨
{"host": "nginx-statefulset-2", "time": "Mon Mar 24 05:54:04 UTC 2025"}
{"host": "nginx-statefulset-2", "time": "Mon Mar 24 05:54:07 UTC 2025"}
{"host": "nginx-statefulset-2", "time": "Mon Mar 24 05:54:10 UTC 2025"}

pod "svc-client" deleted
```

마지막으로 예제에서 사용한 스테이트풀셋과 볼륨(3.5.2절에서 설명하는 볼륨 요청)을 삭제합니다(예제 3-19).

예제 3-19 스테이트풀셋과 볼륨 삭제

```
$ kubectl delete -f nginx-statefulset.yaml
statefulset.apps "nginx-statefulset" deleted
service "nginx" deleted
$ kubectl delete pvc -l app=nginx
persistentvolumeclaim "vol-nginx-statefulset-0" deleted
persistentvolumeclaim "vol-nginx-statefulset-1" deleted
persistentvolumeclaim "vol-nginx-statefulset-2" deleted
```

이렇게 스테이트풀셋을 사용하면 파드 자체의 생존 기간을 넘어선 데이터와 상태를 관리할 수 있습니다.

3.4.3 데몬셋

디플로이먼트는 기본적으로 파드 그룹을 특정 노드가 아니라 클러스터에서 N개 가동한다는 형태로 관리합니다. 하지만 노드의 로그 수집, 모니터링처럼 노드와 밀접한 관계가 있는 애플리케이션이라면 각 노드에 데몬 프로세스처럼 1대씩 상주하는 쪽이 적절합니다. 이런 애플리케이션의 배포는 **데몬셋**(DaemonSet)을 사용해 구현합니다(그림 3-13).

❤ 그림 3-13 데몬셋

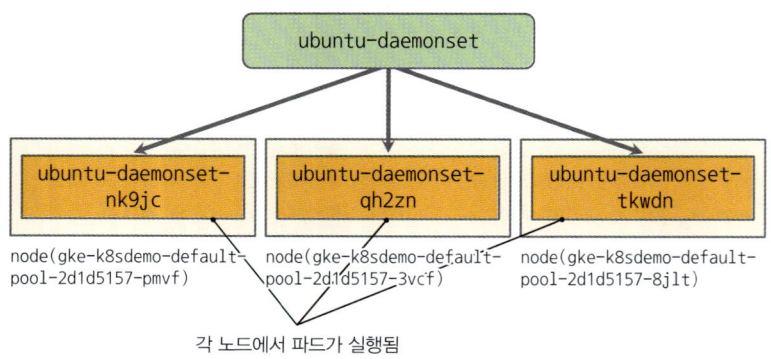

데몬셋은 각 노드마다 파드가 하나씩 실행된 상태를 유지하는 기능입니다. 클러스터에 노드가 추가되거나 데몬셋 파드가 있어야 하는 노드에 파드가 실행되지 않았다면 알아서 파드가 작성됩니다. 디플로이먼트처럼 롤링 업데이트도 할 수 있습니다.

코드 3-7의 데몬셋 매니페스트는 우분투 파드를 클러스터의 각 노드에 배포합니다.

코드 3-7 데몬셋 예제(ubuntu-daemonset.yaml)

```
apiVersion: apps/v1
kind: DaemonSet     데몬셋으로 각 노드에서 파드를 실행
metadata:
  name: ubuntu-daemonset
spec:
  selector:
    matchLabels:
      app: ubuntu
  template:
    metadata:
      labels:
        app: ubuntu
    spec:
      containers:
      - name: ubuntu
        image: ubuntu:22.04
        command: ["sh"]
        args:
        - -euc
        - "sleep infinity"
```

실제로 이 데몬셋을 배포하고 파드 목록을 확인하면 각 노드에 1개씩 파드가 실행되는 모습을 확인할 수 있습니다(예제 3-20).

예제 3-20 데몬셋 배포 예시

```
$ kubectl apply -f ubuntu-daemonset.yaml
daemonset.apps/ubuntu-daemonset created
$ kubectl get pods -l=app=ubuntu -o custom-columns=NAME:.metadata.
name,NODE:.spec.nodeName,IMAGE:.spec.containers[0].image,STATUS:.
status.phase
NAME                     NODE
IMAGE            STATUS
ubuntu-daemonset-nk9jc   gke-k8sdemo-default-pool-2d1d5157-pmvf
ubuntu:22.04     Running
ubuntu-daemonset-qh2zn   gke-k8sdemo-default-pool-2d1d5157-3vcf
ubuntu:22.04     Running
ubuntu-daemonset-tkwdn   gke-k8sdemo-default-pool-2d1d5157-8jlt
ubuntu:22.04     Running
$ kubectl delete -f ubuntu-daemonset.yaml
daemonset.apps "ubuntu-daemonset" deleted
```

3.4.4 잡과 크론잡

마지막으로 소개할 배포 관련 기능은 파드를 배치 작업처럼 단발적으로 실행하는 사용 사례에 유용한 **잡**(Job)입니다(그림 3–14).

잡은 최소한 성공해야 하는 파드 개수, 타임아웃 시간, 실패 시 재실행 정책, 허용 가능 실패 횟수 등을 설정합니다. 쿠버네티스는 이에 따라 파드를 배포하고 실행하며, 파드 종료 상태 코드(Status)를 보고 성공 여부를 판단해서 재실행하는 등의 처리를 합니다. 그리고 이 잡을 제어해서 크론(Cron) 형식으로 실행 시작 시간과 주기적 실행 방법을 설정하는 **크론잡**(CronJob) 기능도 사용할 수 있습니다.

▼ 그림 3-14 잡

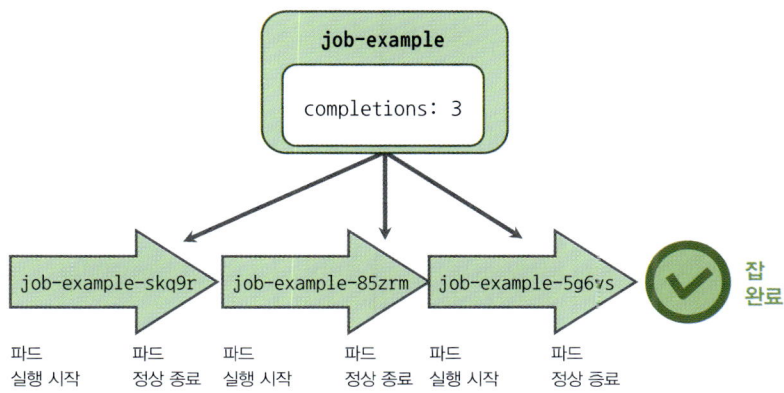

코드 3-8은 잡을 정의하는 매니페스트 예제입니다. 실행된 파드가 'done 호스트명'을 출력하고 정상 종료하는 단순한 작업입니다. .spec.completions에 3을 설정해서 총 3개의 파드가 정상 종료했다면 잡 처리에 성공했다고 간주합니다.

코드 3-8 잡 예제(ubuntu-job.yaml)

```
apiVersion: batch/v1
kind: Job
metadata:
  name: job-example
spec:
  completions: 3      3개의 파드가 정상 종료하면 잡 성공
  template:
    spec:
      restartPolicy: Never
      containers:
      파드명을 출력하고 종료하는 컨테이너
      - name: test
        image: ubuntu:22.04
        command: ["sh"]
        args:
        - -euc
        - "echo done $(hostname)"
```

3장 쿠버네티스 개요   **135**

이 잡을 예제 3-21처럼 실행해봅시다. 파드 개수 변화는 kubectl get jobs 명령어에 -w 옵션을 지정해서 상태 변화를 계속 출력하면 확인하기 편리합니다. 잡이 실행에 성공하고 총 3개의 파드가 정상 종료하는 모습을 볼 수 있습니다(예제 3-22).

예제 3-21 잡 실행

```
$ kubectl apply -f ubuntu-job.yaml &&
  kubectl get jobs job-example -w -o custom-columns=NAME:.metadata.
name,SUCCEEDED:.status.succeeded,FAILED:.status.failed
job.batch/job-example created
NAME          SUCCEEDED   FAILED
job-example   <none>      <none>
job-example   <none>      <none>
job-example   1           <none>    잡 1개 성공
job-example   1           <none>
job-example   2           <none>    잡 2개 성공
job-example   2           <none>
job-example   3           <none>    잡 3개 성공
```

예제 3-22 잡에 포함된 각 파드가 완료되었는지 확인

```
$ kubectl get pods -l batch.kubernetes.io/job-name=job-example
NAME                 READY   STATUS      RESTARTS   AGE
job-example-5g6vs    0/1     Completed   0          40s
job-example-85zrm    0/1     Completed   0          43s
job-example-skq9r    0/1     Completed   0          47s
```

파드 그룹이 종료되어도 잡은 삭제되지 않고 남아 있습니다. 따라서 잡에 속한 각 파드 로그를 실행한 후에도 확인할 수 있습니다. 예제 3-23처럼 kubectl logs 명령어로 3개의 파드에서 로그를 얻을 수 있습니다.

예제 3-23 잡에 포함된 각 파드 로그 확인

```
$ kubectl logs -l batch.kubernetes.io/job-name=job-example
done job-example-5g6vs
done job-example-85zrm
done job-example-skq9r
```

kubectl delete로 잡을 삭제합니다(예제 3-24).

예제 3-24 잡 삭제

```
$ kubectl delete -f ubuntu-job.yaml
job.batch "job-example" deleted
```

3.5 설정 항목과 볼륨

3.5.1 컨피그맵과 시크릿을 활용한 애플리케이션 설정 관리

쿠버네티스는 파드로 실행되는 애플리케이션과 실행 시 필요한 설정 항목을 독립적으로 관리하는 **컨피그맵**(ConfigMap)과 **시크릿**(Secret) 기능이 있습니다(그림 3-15). 컨피그맵과 시크릿은 정보를 키와 값의 쌍으로 정의합니다. 컨테이너에서는 이런 정보를 다음과 같은 방법으로 사용합니다.

- 컨테이너 내부 환경 변수로 사용
- 컨테이너 내부 파일시스템에 읽기 전용으로 마운트해서 파일로 사용

▼ 그림 3-15 컨피그맵과 시크릿 설정 예

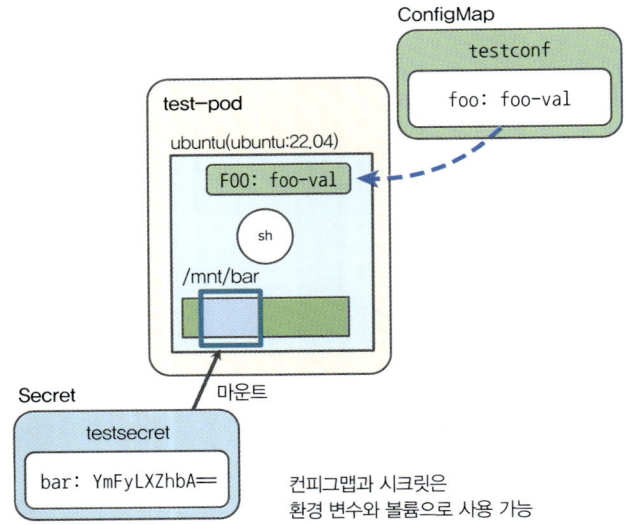

컨피그맵은 컨테이너 내부의 애플리케이션이 실행될 때 참조하는 설정 파일과 설정용 환경 변수 등을 저장하는 데 유용하고, 시크릿은 인증 정보처럼 보안 데이터를 컨테이너 이미지에 포함하지 않고 독립적으로 관리하는 데 사용합니다.

코드 3-9는 컨피그맵과 시크릿을 참조하는 파드의 매니페스트 예제입니다(그림 3-15). 컨피그맵으로 foo를 작성하고 파드에서 foo를 환경 변수로 사용합니다. 또한 시크릿으로 bar를 작성하고 파드의 /mnt/bar에 마운트합니다.[17]

코드 3-9 컨피그맵과 시크릿을 사용하는 파드(ubuntu-configmap-secret.yaml)

```
컨피그맵 정의
apiVersion: v1
kind: ConfigMap
metadata:
  name: testconf
data:
  foo: foo-val
---
시크릿 정의
apiVersion: v1
kind: Secret
metadata:
  name: testsecret
data:
  bar: YmFyLXZhbA==       base64 인코딩된 문자열 bar-val
---
컨피그맵과 시크릿을 사용하는 파드 정의
apiVersion: v1
kind: Pod
metadata:
  name: test-pod
spec:
  containers:
  - name: ubuntu
    image: ubuntu:22.04
    command: ["sh"]
```

---

17 매니페스트에서 시크릿 값을 data 필드에 작성할 때 base64로 인코딩되어야 합니다(https://kubernetes.io/docs/concepts/configuration/secret/#restrictionnames-data).

```
    args:
    - -euc
    - |
      for i in $(seq 1 10) ; do
        echo "Value of foo is $FOO , bar is $(cat /mnt/bar/bar)"
        sleep 3
      done ; sleep infinity
```
컨피그맵 testconf의 foo를 환경 변수 FOO로 컨테이너에서 사용
```
    env:
    - name: FOO
      valueFrom:
        configMapKeyRef:
          name: testconf
          key: foo
```
시크릿 testsecret을 /mnt/bar에 마운트
```
    volumeMounts:
    - name: testsecret
      readOnly: true
      mountPath: /mnt/bar
  volumes:
  - name: testsecret      시크릿 testsecret을 컨테이너에 마운트하는 볼륨
    secret:
      secretName: testsecret
```

예제 3-25처럼 파드, 컨피그맵, 시크릿을 배포합니다.

예제 3-25 컨피그맵과 시크릿을 작성하고 사용하는 파드 작성

```
$ kubectl apply -f ubuntu-configmap-secret.yaml
configmap/testconf created
secret/testsecret created
pod/test-pod created
```

실제로 파드 출력 결과를 보면 컨피그맵 foo 값이 환경 변수 FOO가 되고, 시크릿 bar 값도 파일을 통해 주어지는 것을 알 수 있습니다(예제 3-26).

예제 3-26 컨피그맵과 시크릿이 주어진 파드 출력 확인

```
$ kubectl logs test-pod | head -n 1
Value of foo is foo-val , bar is bar-val
```

마지막으로 kubectl delete로 파드, 컨피그맵, 시크릿을 삭제합니다(예제 3-27).

예제 3-27 파드, 컨피그맵, 시크릿 삭제

```
$ kubectl delete -f ubuntu-configmap-secret.yaml
configmap "testconf" deleted
secret "testsecret" deleted
pod "test-pod" deleted
```

3.5.2 볼륨을 사용한 스토리지 관리

컨테이너는 일시적인 실행 단위이므로, 컨테이너 내부 파일에 기록된 내용은 컨테이너 종료와 함께 폐기됩니다. 따라서 쿠버네티스는 더 긴 수명을 제공하는 추가 데이터 저장 영역으로 **볼륨**(Volume) 기능을 지원합니다.

쿠버네티스는 다양한 종류의 볼륨이 있고 이를 사용해서 메모리, 노드의 디렉터리, 스토리지 서비스 같은 다양한 스토리지를 관리합니다.

볼륨에는 쿠버네티스가 직접 관리하는 것과 외부 라이브러리로 관리하는 것이 있습니다. 특히 외부 플러그인 규격은 쿠버네티스 커뮤니티가 표준화한 Container Storage Interface(CSI)[18]가 있고, 그 구현체를 CSI 드라이버라고 부릅니다. GKE에도 클러스터에 영구 디스크를 사용하기 위한 CSI 드라이버를 제공합니다.

---

[18] https://cloud.google.com/kubernetes-engine/docs/how-to/persistent-volumes/gce-pd-csi-driver?hl=ko

지금부터 쿠버네티스에서 관리할 수 있는 볼륨 유형 중에서 중요한 두 가지를 설명하겠습니다.[19]

- 퍼시스턴트볼륨: 파드와 독립적인 수명을 가지고 파드 수명을 넘어 데이터가 영구적으로 유지되는 볼륨
- 임시 볼륨: 파드와 똑같은 수명을 가지고 파드를 재시작하면 데이터가 유지되지 않는 임시(휘발성) 볼륨

3.5.3 퍼시스턴트볼륨

퍼시스턴트볼륨(PersistentVolume, PV)을 사용하면 파드 수명과 별도로 독립적인 영구 데이터 저장 영역을 관리할 수 있습니다. 퍼시스턴트볼륨을 생성하는 방법 중 하나는 매니페스트에서 선언하여 수동으로 생성합니다. 매니페스트에는 데이터 저장 영역 사양(사용하는 플러그인, 크기, 재사용 정책, 마운트 옵션 등)을 작성합니다.

---

[19] 그 외에도 컨피그맵, 시크릿, 파드 정보 등을 일괄적으로 컨테이너에 마운트할 수 있는 프로젝티드 볼륨(projected volumes) 방식도 있습니다(https://kubernetes.io/docs/concepts/storage/projected-volumes).

▼ 그림 3-16 파드, 퍼시스턴트볼륨, 퍼시스턴트볼륨클레임

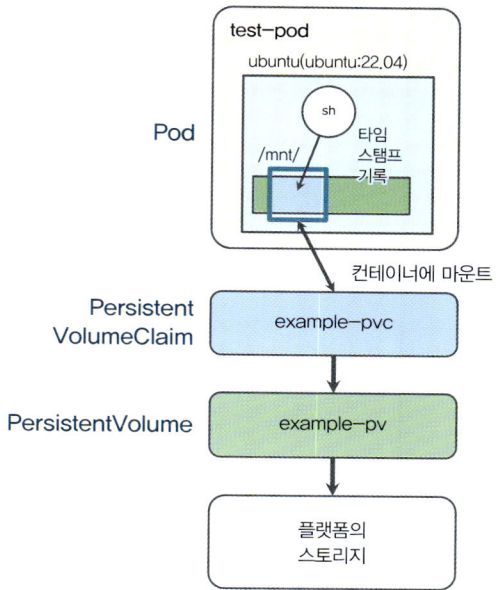

파드에서 퍼시스턴트볼륨을 사용하려면 퍼시스턴트볼륨의 조건(용량, 레이블 셀렉터와 같은 사용자의 스토리지에 대한 요청)을 명시한 **퍼시스턴트볼륨클레임**(PersistentVolumeClaim, PVC)을 별도로 작성해야 합니다. 그러면 해당 조건을 만족하는 퍼시스턴트볼륨이 퍼시스턴트볼륨클레임에 할당됩니다. 파드 매니페스트에 퍼시스턴트볼륨클레임 이름과 해당 볼륨을 마운트할 컨테이너 내부 위치를 지정하면 컨테이너에서 볼륨을 사용할 수 있습니다.

수동으로 퍼시스턴트볼륨을 작성해서 파드에서 퍼시스턴트볼륨클레임으로 사용하는 예제를 보겠습니다(그림 3-16). 먼저 볼륨으로 사용할 스토리지 영역을 준비합니다. 예를 들어 GKE라면 `gcloud compute disks create` 명령어로[20] 파드에서 사용할 영구 디스크를 구글 클라우드에 작성할 수 있습니다.

---

[20] https://cloud.google.com/sdk/gcloud/reference/compute/disks/create

코드 3-10은 스토리지를 클러스터에서 사용할 수 있도록 퍼시스턴트볼륨과 퍼시스턴트볼륨클레임을 작성하는 매니페스트입니다.

코드 3-10 퍼시스턴트볼륨과 퍼시스턴트볼륨클레임 예제(example-gke-pv-pvc.yaml)[21]

```
퍼시스턴트볼륨 정의
apiVersion: v1
kind: PersistentVolume
metadata:
  name: example-pv
spec:
  capacity:
    storage: 5G     스토리지 용량
  accessModes:
  - ReadWriteOnce
  storageClassName: manual
  csi:
     클러스터에서 사용하는 영구 디스크 지정 예
    driver: pd.csi.storage.gke.io
    volumeHandle: projects/k8sdemo-282612/zones/us-west1-a/disks/demo-disk
    fsType: ext4
---
퍼시스턴트볼륨클레임 정의
apiVersion: v1
kind: PersistentVolumeClaim
metadata:
  name: example-pvc
spec:
  accessModes:
  - ReadWriteOnce
  storageClassName: manual
  resources:
    requests:
      storage: 5G     스토리지 요청 용량
```

---

21 구글 클라우드를 사용하는 대신에 로컬 환경에서 간단히 테스트하는 방법도 있습니다.
　　csi: 줄부터 fsType: ext4까지의 내용을
　　　hostPath:
　　　　path: "사용할 호스트 머신의 디렉터리 경로"
　　로 변경하면 됩니다(https://kubernetes.io/ko/docs/concepts/storage/volumes).

퍼시스턴트볼륨은 미리 작성한 디스크를 csi 필드에서 참조합니다. storage ClassName 필드는 볼륨이 속한 클래스를 나타내는 **스토리지 클래스**(Storage Class)[22]를 지정합니다. 퍼시스턴트볼륨클레임은 동일한 스토리지 클래스의 퍼시스턴트볼륨과 연결되므로 예제에서는 같은 값으로 manual을 지정합니다. 예제 3-28처럼 매니페스트를 클러스터에 적용하면 실제로 퍼시스턴트볼륨과 연결된 퍼시스턴트볼륨클레임이 만들어지는 모습을 볼 수 있습니다.

예제 3-28 퍼시스턴트볼륨과 퍼시스턴트볼륨클레임 작성

```
$ kubectl apply -f example-gke-pv-pvc.yaml
persistentvolume/example-pv created
persistentvolumeclaim/example-pvc created
$ kubectl get pv example-pv   퍼시스턴트볼륨이 작성됨
NAME         CAPACITY    ACCESS MODES   RECLAIM POLICY   STATUS
CLAIM                STORAGECLASS    REASON    AGE
example-pv   5G          RWO                             Retain           Bound
default/example-pvc  manual                    27s
$ kubectl get pvc example-pvc   퍼시스턴트볼륨클레임이 작성됨
NAME          STATUS    VOLUME        CAPACITY    ACCESS MODES
STORAGECLASS    AGE
example-pvc   Bound     example-pv    5G          RWO
manual          34s
```

파드에서는 코드 3-11과 같이 파드 매니페스트의 persistentVolumeClaim 필드에서 예제의 퍼시스턴트볼륨클레임을 참조해서 방금 작성한 스토리지 영역을 사용할 수 있습니다. 예제 3-29처럼 배포합니다.

코드 3-11 퍼시스턴트볼륨클레임을 사용하는 파드 배포

```
$ kubectl apply -f ubuntu-example-pvc.yaml
pod/test-pod created
$ kubectl get pod test-pod
NAME       READY   STATUS    RESTARTS   AGE
test-pod   1/1     Running   0          49s
```

---

[22] https://kubernetes.io/docs/concepts/storage/persistent-volumes/#class-1

3장 쿠버네티스 개요 **145**

예제 3-29 파드에서 퍼시스턴트볼륨클레임을 사용(ubuntu-example-pvc.yaml)

```yaml
apiVersion: v1
kind: Pod
metadata:
  name: test-pod
spec:
  containers:
  - name: ubuntu
    image: ubuntu:22.04
    command: ["sh"]
    args:
    - -euc
    - |
      for i in $(seq 1 10) ; do
        date >> /mnt/data
        sleep 3
      done ; sleep infinity
    볼륨을 /mnt/에 마운트
    volumeMounts:
    - mountPath: /mnt/
      name: example-vol
  volumes:
  퍼시스턴트볼륨 클레임 example-pvc를 포드에서 example-vol 볼륨으로 사용
  - name: example-vol
    persistentVolumeClaim:
      claimName: example-pvc
```

이 파드는 생성한 볼륨을 컨테이너의 /mnt/에 마운트하고 타임스탬프를 기록합니다. 실제로 예제 3-30처럼 볼륨에 기록된 데이터를 확인할 수 있습니다.

예제 3-30 볼륨에 저장된 내용 확인

```
$ kubectl exec -it test-pod -c ubuntu -- cat /mnt/data | head -n 3
Mon Mar 24 06:08:06 UTC 2025
Mon Mar 24 06:08:09 UTC 2025
Mon Mar 24 06:08:12 UTC 2025
```

파드와 퍼시스턴트볼륨 수명은 독립적이므로 파드를 삭제해도 퍼시스턴트볼륨은 삭제되지 않고 파드 재작성 후에도 똑같은 퍼시스턴트볼륨클레임으로 다시 기존의 볼륨을 사용할 수 있습니다. 예제 3-31처럼 파드를 재작성해도 이전에 저장한 볼륨 내용이 남아 있는 것을 확인할 수 있습니다.

예제 3-31 파드 삭제와 재작성 후에도 볼륨 내용이 사라지지 않는지 확인

```
$ kubectl delete -f ubuntu-example-pvc.yaml
pod "test-pod" deleted
$ kubectl apply -f ubuntu-example-pvc.yaml
pod/test-pod created
$ kubectl exec -it test-pod -c ubuntu -- cat /mnt/data | head -n 3
Mon Mar 24 06:08:06 UTC 2025
Mon Mar 24 06:08:09 UTC 2025
Mon Mar 24 06:08:12 UTC 2025
```

마지막으로 파드와 볼륨을 삭제합니다(예제 3-32). GKE라면 gcloud compute disks delete 명령어[23]를 실행해서 플랫폼의 스토리지 영역도 삭제합니다.

예제 3-32 파드와 볼륨 삭제

```
$ kubectl delete -f ubuntu-example-pvc.yaml
pod "test-pod" deleted
$ kubectl delete -f example-gke-pv-pvc.yaml
persistentvolume "example-pv" deleted
persistentvolumeclaim "example-pvc" deleted
```

그 외의 퍼시스턴트볼륨 관련 설정은 공식 문서를 참조하기 바랍니다.[24]

퍼시스턴트볼륨을 수동으로 작성하지 않고 **동적 프로비저닝**(Dynamic Provisioning) 기능을 사용해 퍼시스턴트볼륨클레임에서 해당 요건을 만족하는 퍼시스턴트볼륨을 동적으로 작성할 수 있습니다.

---

23 https://cloud.google.com/sdk/gcloud/reference/compute/disks/delete

24 https://kubernetes.io/docs/concepts/storage/persistent-volumes

구체적인 볼륨 작성 작업은 스토리지 클래스에서 설정합니다. 스토리지 클래스는 매니페스트를 사용해서 설정할 수 있고[25] 동적 프로비저닝을 구현하는 플러그인(provisioner) 지정도 포함됩니다.

퍼시스턴트볼륨클레임에서는 클러스터에 설정된 기본 스토리지 클래스를 사용할 수도 있고, 다른 스토리지 클래스를 지정할 수도 있습니다.[26] 예를 들어 GKE도 동적 프로비저닝 기능을 제공하는 스토리지 클래스가 기본값이라서 퍼시스턴트볼륨클레임에서 볼륨을 동적으로 작성할 수 있습니다.[27]

퍼시스턴트볼륨을 사용하는 구체적인 예로 앞에서 설명한 스테이트풀셋을 들 수 있습니다. 스테이트풀셋은 구성하는 각 파드에 퍼시스턴트볼륨을 할당할 수 있습니다. 코드 3-12처럼 매니페스트에는 `volumeClaimTemplates` 필드가 있고 퍼시스턴트볼륨클레임과 같은 볼륨 요청을 직접 지정할 수 있습니다. 각 파드는 할당된 퍼시스턴트볼륨을 사용합니다.[28] 또한 3.4.2절의 스테이트풀셋 예제는 퍼시스턴트볼륨을 수동으로 작성하는 대신 동적 프로비저닝 기능을 사용해 자동으로 작성된 볼륨을 파드에서 사용했습니다.

코드 3-12 스테이트풀셋에서 퍼시스턴트볼륨클레임 설정(코드 3-6 스테이트풀셋 매니페스트에서 발췌)

```
volumeClaimTemplates:
- metadata:
    name: vol
  spec:
    accessModes: [ "ReadWriteOnce" ]
    resources:
      requests:
        storage: 1Gi
```

---

[25] https://kubernetes.io/docs/concepts/storage/storage-classes
[26] https://cloud.google.com/sdk/gcloud/reference/compute/disks/create
[27] https://cloud.google.com/kubernetes-engine/docs/concepts/persistent-volumes?hl=ko#storageclasses
[28] 볼륨클레임템플릿(VolumeClaimTemplate)이라고 부릅니다(https://kubernetes.io/docs/concepts/workloads/controllers/statefulset/#stable-storage).

이처럼 퍼시스턴트볼륨을 사용해서 스토리지를 파드 수명과 **별**개로 관리할 수 있습니다.

3.5.4 임시 볼륨

임시 볼륨(Ephemeral Volume)은 파드와 똑같은 수명을 가지며 파드가 종료되면 볼륨도 삭제됩니다. 주요 임시 볼륨으로 코드 3-13의 **emptyDir**[29]이 있습니다. emptyDir은 빈 디렉터리를 파드에서 사용하는 볼륨으로, 데이터를 일시적으로 캐시하거나 파드 내부의 컨테이너끼리 데이터를 공유하는 등 여러 용도로 사용합니다.

코드 3-13 emptyDir 예제(ubuntu-emptydir.yaml)

```
apiVersion: v1
kind: Pod
metadata:
  name: test-pod
spec:
  containers:
  - name: container-a
    image: ubuntu:22.04
    command: ["sh"]
    args:
    - -euc
    - "tail -f /mnt/shared-file"
    volumeMounts:
    - mountPath: /mnt/         emptyDir을 /mnt/에 마운트
      name: test-volume
  emptyDir에 타임스탬프를 기록하는 컨테이너
  - name: container-b
    image: ubuntu:22.04
    command: ["sh"]
    args:
```

---

[29] https://kubernetes.io/docs/concepts/storage/volumes/#emptydir

```
      - -euc
      - |
        for i in $(seq 1 10) ; do
          date >> /mnt/shared-file
          sleep 3
        done ; sleep infinity
      volumeMounts:
      - mountPath: /mnt/       emptyDir을 /mnt/에 마운트
        name: test-volume
  volumes:
  - name: test-volume      emptyDir을 test-volume 볼륨으로 사용
    emptyDir:
      sizeLimit: 500Mi
```

데이터는 기본적으로 노드에 저장되지만 메모리(tmpfs)에 저장할 수도 있습니다. 코드 3-13에서 각 컨테이너는 하나의 emptyDir을 공유하고 container-a는 container-b가 기록한 데이터를 /mnt/에 마운트해서 emptyDir 경유로 확인할 수 있습니다(예제 3-33).

예제 3-33 emptyDir을 사용하는 파드 실행

```
$ kubectl apply -f ubuntu-emptydir.yaml
pod/test-pod created
$ kubectl logs -c container-a test-pod | head -n 5
Mon Mar 24 07:23:55 UTC 2025
Mon Mar 24 07:23:58 UTC 2025
Mon Mar 24 07:24:01 UTC 2025
Mon Mar 24 07:24:04 UTC 2025
Mon Mar 24 07:24:07 UTC 2025
$ kubectl delete -f ubuntu-emptydir.yaml
pod "test-pod" deleted
```

소개할 또 다른 볼륨 형태로 **일반 임시 볼륨**(Generic Ephemeral Volume)으로 동적 프로비저닝을 사용합니다. 이 볼륨을 사용하면 파드 매니페스트에 볼륨 요청을 직접 기술하고, 해당 파드와 동일한 수명을 지닌 볼륨을 동적으로 작성할 수 있

습니다. 코드 3-14의 매니페스트는 코드 3-13의 emptyDir 예와 비슷하지만 emptyDir이 아니라 일반 임시 볼륨을 사용합니다.

이 예제에서는 파드와 동일한 수명의 볼륨을 volumeClaimTemplate 필드에 입력해서 볼륨을 요청합니다. GKE 같은 플랫폼은 동적 프로비저닝으로 볼륨을 동적으로 작성하고 파드에 할당합니다. 따라서 노드의 디렉터리나 메모리(tmpfs)를 사용하는 emptyDir과 다르게, 일반 임시 볼륨은 프로비저너(provisioner)가 관리하는 스토리지(GKE의 영구 디스크 등)를 사용합니다.[30]

코드 3-14 일반 임시 볼륨 예제(ubuntu-gve.yaml)

```
apiVersion: v1
kind: Pod
metadata:
  name: test-pod
spec:
  containers:
  볼륨에 저장된 데이터를 읽는 컨테이너
  - name: container-a
    image: ubuntu:22.04
    command: ["sh"]
    args:
    - -euc
    - "tail -f /mnt/shared-file"
    volumeMounts:
    - mountPath: /mnt/        일반 임시 볼륨을 /mnt/에 마운트
      name: test-volume
  볼륨에 타임스탬프를 기록하는 컨테이너
  - name: container-b
    image: ubuntu:22.04
    command: ["sh"]
    args:
    - -euc
    - |
      for i in $(seq 1 10) ; do
        date >> /mnt/shared-file
```

---

[30] https://cloud.google.com/kubernetes-engine/docs/how-to/generic-ephemeral-volumes

```
      sleep 3
    done ; sleep infinity
  volumeMounts:
  - mountPath: /mnt/        일반 임시 볼륨을 /mnt/에 마운트
    name: test-volume
volumes:
- name: test-volume
  ephemeral:
                볼륨 요청으로 얻은 볼륨을 일반 임시 볼륨으로 사용
    volumeClaimTemplate:
      metadata:
        labels:
          type: ephemeral
      spec:
        accessModes: ["ReadWriteOnce"]
        resources:
          requests:
            storage: 500Mi
```

3.6 서비스 공개

이 절은 쿠버네티스에서 파드로 실행되는 애플리케이션이 제공하는 서비스에 네트워크를 경유해서 접근할 수 있는 기능을 설명합니다.

3.6.1 서비스를 사용해서 파드에 접속하기

쿠버네티스 클러스터에서 실행한 애플리케이션에 네트워크를 통해 접속한다고 생각해봅시다. 이때 중요한 기능이 **서비스**(Service)입니다. 서비스를 사용하면 특정 서비스를 제공하는 여러 파드에 공통 IP 주소를 부여해서 마치 하나의 서비스처럼 접속할 수 있습니다(그림 3-17).

❤ 그림 3-17 서비스와 파드

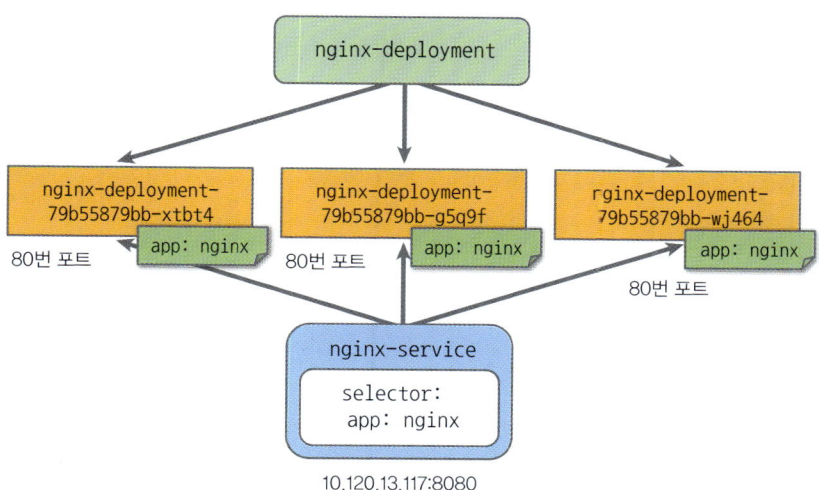

쿠버네티스는 파드 자체에도 IP 주소가 부여되므로 서비스가 없어도 파드에서 다른 파드에 접근할 수 있습니다.

그러면 왜 서비스 같은 기능이 필요할까요? 그 이유 중 하나는 쿠버네티스에서 파드의 IP 주소가 자주 바뀔 수 있기 때문입니다.

예를 들어 스케일링이나 장애가 발생해서 파드가 삭제되거나 가동될 때마다 새로 작성된 파드에는 매번 다른 IP 주소가 할당되기 때문에, 어떤 파드에 접속하려 할 때 접속하고 싶은 파드에 어떤 IP 주소가 할당되었는지 잘 알 수 없는 문제가 발생합니다. 따라서 서비스는 파드 집합에 하나의 공통 IP 주소를 부여함으로써 실제 파드 접속과 로드밸런싱을 처리합니다.

서비스의 또 다른 특징은 접속할 때 이름을 사용할 수 있는 점입니다. 서비스를 작성하면 쿠버네티스 클러스터 내부 DNS와 각 파드의 /etc/resolv.conf에도 설정이 적용되기 때문에, 클러스터 내부라면 서비스에 접속할 때 IP 주소 대신에 서비스명으로 접근할 수 있습니다.

코드 3-15는 서비스 매니페스트 예제입니다. 이 매니페스트는 클러스터에서 가동된 파드 중에서 app: nginx 레이블이 부여된 파드를 대상으로 서비스를 작성합니다. 서비스에는 IP 주소가 할당되고 8080번 포트를 향한 통신이 각 파드의 80번 포트(nginx가 대기 중인 포트)에 매핑됩니다.

코드 3-15 서비스를 선언하는 매니페스트(nginx-service.yaml)

```
apiVersion: v1
kind: Service
metadata:
  name: nginx-service
spec:
  selector:
    app: nginx          app: nginx 레이블이 있는 파드에 대해서 서비스 정의
  ports:
  - protocol: TCP
    port: 8080          서비스가 대기하는 포트
    targetPort: 80      파드가 대기하는 포트
```

예제 3-34는 이 매니페스트를 사용해서 실제로 서비스를 작성하는 예시입니다. 먼저 3.4.1절에서 사용한 디플로이먼트의 매니페스트를 다시 사용해서 클러스터에 nginx 파드 3개를 app: nginx 레이블을 지정해서 배포합니다.

또한 코드 3-15의 매니페스트를 kubectl apply 명령어로 선언하고 지정한 nginx 레이블을 설정한 파드를 대상으로 서비스를 작성합니다. kubectl get service 명령어로 작성 상태를 확인하면 nginx-service 서비스가 작성되었고 클러스터 내부에서 접속 가능한 IP 주소가 10.120.13.117로 할당되었습니다. 또한 서비스는 서비스명으로 접근할 수 있으므로 예제 3-34에서는 배포한 nginx 파드에 접속하는 클라이언트로 새로 alpine:3.18 이미지를 kubectl run 명령어로 파드를 실행합니다. 서비스명(nginx-service)을 사용해 curl 명령어를 실행해서 nginx 서버에 접속합니다.

예제 3-34 서비스 작성 예시

```
$ kubectl apply -f nginx-deployment-3.yaml
deployment.apps/nginx-deployment created
$ kubectl apply -f nginx-service.yaml
service/nginx-service created
$ kubectl get service nginx-service
NAME            TYPE        CLUSTER-IP     EXTERNAL-IP   PORT(S)    AGE
nginx-service   ClusterIP   10.120.13.117  <none>        8080/TCP   12s
$ kubectl run --rm -it svc-client --image=alpine:3.18 --restart=Never
-- wget -qO - http://nginx-service:8080
<!DOCTYPE html>
<html>
<head>
<title>Welcome to nginx!</title>
<style>
html { color-scheme: light dark; }
body { width: 35em; margin: 0 auto;
font-family: Tahoma, Verdana, Arial, sans-serif; }
</style>
</head>
<body>
<h1>Welcome to nginx!</h1>
<p>If you see this page, the nginx web server is successfully installed
```

```
and working. Further configuration is required.</p>

<p>For online documentation and support please refer to
<a href="http://nginx.org/">nginx.org</a>.<br/>
Commercial support is available at
<a href="http://nginx.com/">nginx.com</a>.</p>

<p><em>Thank you for using nginx.</em></p>
</body>
</html>
pod "svc-client" deleted
```

책에서는 자세히 다루지 않지만 **헤드리스 서비스**(Headless Service)라는, 자체 IP 주소나 로드밸런싱 기능이 없는 서비스를 작성할 수 있습니다.[31] 헤드리스 서비스는 서비스를 구성하는 각 파드명을 클러스터 내부 DNS에서 각자 해석할 수 있는 기능이 있습니다. 3.4.2절의 스테이트풀셋 예제는 이 기능을 사용해서 각 파드에 이름으로 접속할 수 있습니다.[32]

3.6.2 외부에 서비스 공개하기

앞 절에서는 서비스 기능을 사용해서 어떤 서비스를 구성하는 파드 그룹을 하나로 묶어서 공통 IP 주소를 부여할 수 있다고 설명했습니다. 하지만 이렇게 작성한 서비스는 클러스터IP(ClusterIP) 종류(type)이기 때문에 서비스에 부여된 IP 주소는 쿠버네티스 클러스터 내부에서만 유효하고 인터넷 같은 클러스터 외부에서는 접근할 수 없습니다. 따라서 쿠버네티스는 파드 그룹을 클러스터 외부에 공개하는 데 유용한 다른 종류의 서비스와 기타 기능도 제공합니다.

이 절에서는 그중에서 세 가지 기능을 살펴보겠습니다.

---

[31] https://kubernetes.io/docs/concepts/services-networking/service/#headless-services
[32] https://kubernetes.io/docs/concepts/workloads/controllers/statefulset/#stable-network-id

NodePort 서비스

NodePort는 서비스의 일종으로, 각 노드의 고정 포트(NodePort)를 클러스터 외부에 공개해서 해당 포트를 통한 통신을, 서비스를 구성하는 파드 중 하나에 로드밸런싱합니다. 하지만 노드 자체에서 클러스터 외부 공개가 여러 개이거나 또는 노드가 여러 개라면 노드 그룹의 로드밸런서 설정은 사용자가 직접 해야 합니다.

코드 3-16의 매니페스트는 NodePort 서비스를 작성하고, 각 노드의 포트 30080번을 통해서 nginx에 접속할 수 있습니다(그림 3-18).[33]

코드 3-16 NodePort 서비스 예제(nodeport-service.yaml)

```
apiVersion: v1
kind: Service
metadata:
  name: nginx-service
spec:
  type: NodePort
  selector:
    app: nginx          app: nginx 레이블이 있는 파드에 대해서 서비스 정의
  ports:
  - protocol: TCP
    port: 80
    targetPort: 80      파드가 대기하는 포트
    nodePort: 30080     노드에서 서비스가 통신을 수신하는 포트
```

---

[33] nodePort 필드는 생략 가능하고 생략하면 쿠버네티스가 nodePort를 할당합니다.

▼ 그림 3-18 서비스 공개(NodePort)

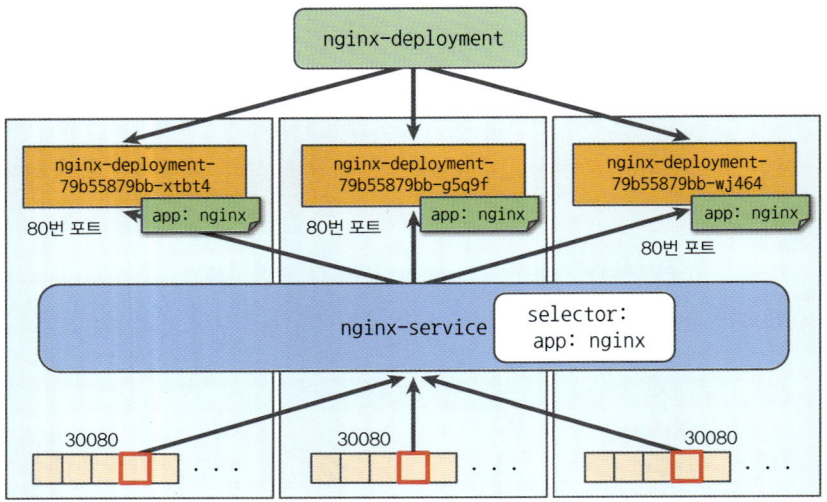

로드밸런서 서비스

로드밸런서 서비스(Load Balancer Service)도 서비스의 일종입니다. 클라우드 제공 업체처럼 쿠버네티스용 로드밸런서 기능을 제공하는 플랫폼에서 사용할 수 있으며, 로드밸런서를 통해 각 서비스를 클러스터 외부에 공개할 수 있습니다. NodePort에서 각 노드에 대한 로드밸런서 설정은 관리 대상이 아니지만, 로드밸런서 서비스를 사용하면 쿠버네티스에서 파드 그룹의 로드밸런서에 플랫폼이 제공하는 것을 활용할 수 있습니다.

코드 3-17 로드밸런서 서비스 예제(loadbalancer-service.yaml)

```
apiVersion: v1
kind: Service
metadata:
  name: nginx-service
spec:
  type: LoadBalancer
  selector:
    app: nginx          app: nginx 레이블이 있는 파드에 대해서 서비스 정의
```

```
ports:
- protocol: TCP
  port: 80          서비스가 대기하는 포트
  targetPort: 80    파드가 대기하는 포트
```

클러스터 외부에서 보면, 로드밸런서가 공개한 IP 주소와 포트에 접속하면 해당 포트를 공개하는 로드밸런서 서비스를 통해서 서비스를 구성하는 파드 중 하나에 통신이 전송됩니다.

코드 3-17의 매니페스트는 로드밸런서 서비스를 작성하고 로드밸런서의 포트 80번을 통해 nginx에 접속할 수 있습니다(그림 3-19). GKE 등의 플랫폼이 제공하는 로드밸런서 기능[34]을 사용합니다.

▼ 그림 3-19 서비스 공개(로드밸런서)

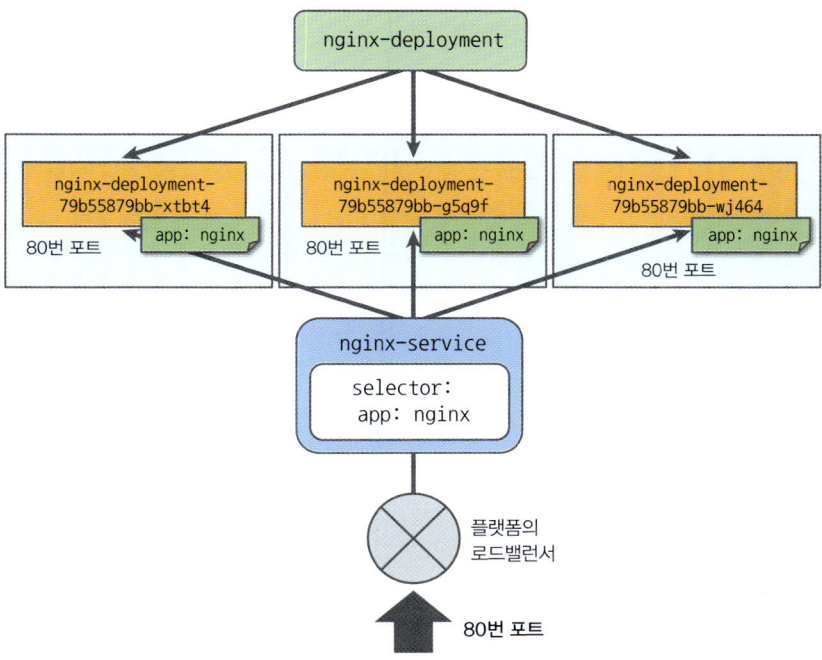

---

[34] https://cloud.google.com/kubernetes-engine/docs/concepts/service-load-balancer?hl=ko

인그레스

인그레스(Ingress)는 다수의 서비스 접속을 관리할 수 있는 기능입니다. 예를 들어 하나의 HTTP 기반 애플리케이션을 여러 개의 서비스를 사용해 구성하고, URL 호스트명과 경로 규칙을 기반으로 실제로 접속할(즉, 백엔드가 되는) 서비스를 매니페스트에 지정할 수 있는 등 로드밸런싱 기능이 잘 되어 있습니다. 쿠버네티스 자체는 인그레스를 관리하는 컴포넌트(컨트롤러)가 포함되지 않으므로 인그레스를 사용하려면 사용자가 직접 도입하거나 클라우드 제공업체의 쿠버네티스 운영 플랫폼에서 제공하는 것을 사용해야 합니다.

인그레스 컨트롤러는 다양한 구현체가 있습니다.[35] 이 장에서 사용하는 GKE에서는 **GKE 인그레스**[36]라는 인그레스 컨트롤러를 제공하고 있으며, 이는 구글 클라우드의 로드밸런서를 사용해서 HTTP(S) 통신을 로드밸런싱합니다.

AWS의 **AWS 로드밸런서 컨트롤러**(AWS Load Balancer Controller)[37]는 AWS 로드밸런서 기능인 애플리케이션 로드밸런서(Application Load Balancer)를 사용해서 구현한 인그레스 컨트롤러입니다. 또한 쿠버네티스 커뮤니티는 NGINX를 사용한 인그레스 컨트롤러 **Ingress NGINX Controller**[38]도 개발하고 있습니다. 그 외에도 다양한 인그레스 컨트롤러 구현이 있으므로 자세한 내용은 쿠버네티스 문서[39]를 확인하기 바랍니다.

코드 3-18의 매니페스트는 인그레스 포트 80번을 통해서 서비스에 접속할 수 있습니다(그림 3-20).[40]

---

[35] https://kubernetes.io/docs/concepts/services-networking/ingress-controllers
[36] https://cloud.google.com/kubernetes-engine/docs/concepts/ingress?hl=ko
[37] https://docs.aws.amazon.com/ko_kr/eks/latest/userguide/aws-load-balancer-controller.html
[38] https://github.com/kubernetes/ingress-nginx
[39] https://kubernetes.io/docs/concepts/services-networking/ingress-controllers
[40] 사용하는 인그레스 컨트롤러와 플랫폼 설정에 따라 매니페스트 설정 내용은 다를 수 있습니다. 자세한 내용은 사용하는 컨트롤러 관련 문서를 참조하기 바랍니다.

코드 3-18 인그레스 예제(ingress-service.yaml)

```
서비스 정의
kind: Service
apiVersion: v1
metadata:
  name: nginx-service
spec:
  selector:
    app: nginx        app: nginx 레이블이 있는 파드에 대해서 서비스 정의
  ports:
  - protocol: TCP
    port: 80          서비스가 대기하는 포트
    targetPort: 80    파드가 대기하는 포트
---
인그레스 정의
apiVersion: networking.k8s.io/v1
kind: Ingress
metadata:
  name: my-ingress
spec:
  rules:
  - http:
      paths:
      - path: /*       URL의 / 이후의 모든 경로가 대상
        pathType: ImplementationSpecific
        backend:
          service:
            name: nginx-service    nginx-service가 접속을 처리
            port:
              number: 80
```

❤ 그림 3-20 서비스 공개(인그레스)

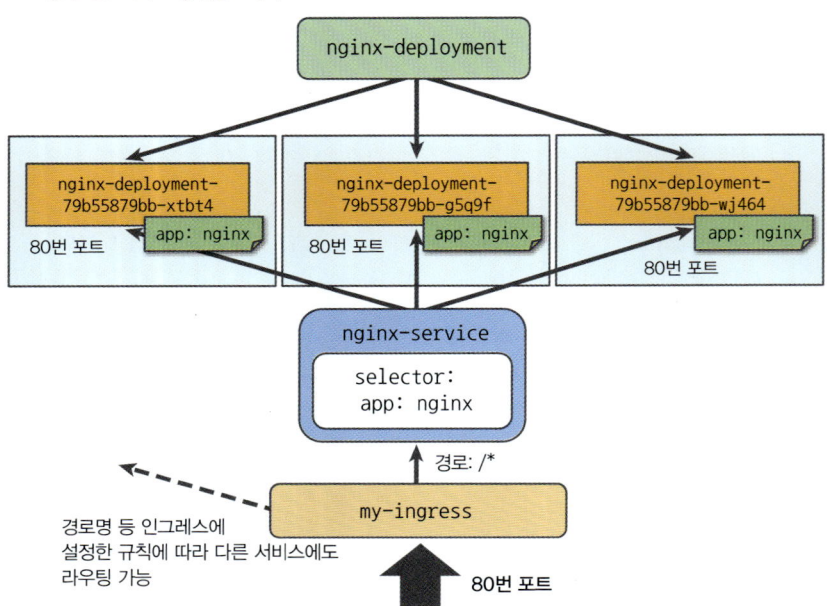

3.7 쿠버네티스의 파드와 CRI 컨테이너 런타임

지금까지 쿠버네티스가 제공하는 기본 기능에 대해 알아보았습니다. 이 절에서는 관점을 조금 바꿔서 쿠버네티스 자체를 살펴보겠습니다. 특히 쿠버네티스 클러스터를 구성하는 노드에서 작동하는 컴포넌트에 초점을 맞춰, 가장 기본적인 실행 단위인 파드가 어떻게 작성되고 실행되는지 살펴봅시다.

3.7.1 kubelet으로 파드 관리

이 절에서는 사용자가 작성을 지시한 파드가 어떻게 노드에서 실행되는지 그 흐름을 간단히 살펴보겠습니다(그림 3-21).

▼ 그림 3-21 kubelet과 CRI, OCI 런타임

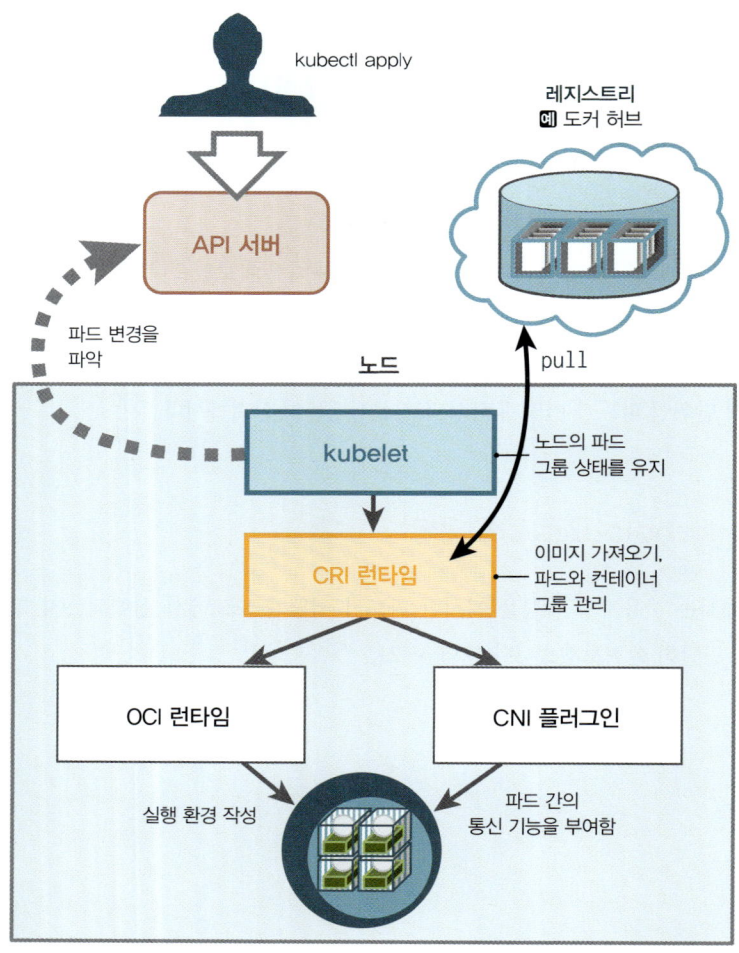

각 노드에는 다수의 **노드 컴포넌트**라고 하는 컴포넌트 그룹이 구동되고, 해당 노드에서 컨테이너 그룹의 실행 관리, 레지스트리에서 이미지 가져오기 및 관리, 네트워크 관리 등을 실행합니다.

디플로이먼트를 작성해서 쿠버네티스에 애플리케이션 배포를 지시하면 쿠버네티스의 컨트롤 플레인에 포함된 스케줄러(kube-scheduler)가 애플리케이션을

구성하는 파드를 어떤 노드에서 실행할지 결정합니다.[41] 각 노드에서는 **kubelet** 노드 컴포넌트가 해당 노드의 파드 작성과 관리를 담당합니다. kubelet은 노드에 스케줄링된 파드를 대상으로 사용자가 설정한 파드 사양(PodSpec)을 컨트롤 플레인 API 서버(**kube-apiserver**)에서 받아서 파드가 설정한 대로 노드에서 구동되도록 관리합니다.[42]

파드를 구성하는 각 컨테이너 이미지는 레지스트리에서 노드르 풀로 가져오고, 이미지를 사용해 컨테이너 실행 환경을 노드에 작성하여 애플리케이션이 실행됩니다.

하지만 이때 실제로 레지스트리에서 이미지 가져오기, 이미지로 파드와 컨테이너 그룹 실행 환경 작성하기, 각 파드가 IP 주소로 통신하도록 설정하기처럼 구체적인 파드 조작을 담당하는 작업은 kubelet의 역할이 아닙니다. 이러한 작업은 컨테이너 런타임 중에서도 특히 **CRI 런타임**에 해당하는 컨테이너 런타임이 담당합니다.

3.7.2 CRI 런타임

CRI 런타임은 각 노드에서 실행되는 소프트웨어로, 쿠버네티스 특히 kubelet에서 파드 조작 관련 지시를 받아서 그에 따라 이미지를 레지스트리에서 가져오거나, 컨테이너 그룹을 파드로 작성하는 등의 작업을 수행합니다. kubelet에서 CRI 런타임을 호출하는 API 규격은 쿠버네티스의 Container Runtime Interface(CRI)로 정의하고 각 CRI 런타임은 gRPC API를 제공합니다.[43] CRI 런타임 구현체로 CNCF 프로젝트의 containerd[44], CRI-O[45] 등이 있습니다.

---

[41] https://kubernetes.io/docs/concepts/scheduling-eviction/kube-scheduler
[42] kubelet은 apiserver 이외에도 노드에 배치된 파일 등에서도 파드 사양을 얻을 수 있습니다(https://kubernetes.io/docs/reference/command-line-tools-reference/kubelet).
[43] https://github.com/kubernetes/cri-api
[44] https://containerd.io
[45] https://cri-o.io

CRI 런타임은 도커와 마찬가지로 이전 장에서 소개한 OCI 런타임을 사용해 각 컨테이너를 노드에 작성하고, 공통의 네트워크 인터페이스를 제공해서 파드로 작동하도록 컨테이너 그룹을 묶습니다. CRI 런타임과 구현 방식은 다음 장에서 설명하겠습니다.

쿠버네티스 1.20 이전 버전의 kubelet은 도커 API를 조작하는 전용 컴포넌트 dockershim이 있어서 도커를 노드 런타임으로 사용하는 기능을 제공했습니다.

하지만 유지보수성의 이유로 dockershim은 1.20부터 비권장 기능이 되었고 1.24에서 삭제됐습니다. 그 이후 버전은 kubelet에서 도커를 노드의 런타임으로 직접 사용할 수 없습니다.[46, 47] 각 클라우드 제공업체가 제공하는 노드도 CRI 런타임을 사용합니다.

컨테이너를 배포하는 쿠버네티스 사용자 관점에서는 도커와 쿠버네티스(CRI 런타임)는 사용 가능한 이미지와 레지스트리가 동일합니다. 도커로 빌드한 이미지를 그대로 레지스트리를 경유해서 쿠버네티스에 배포하고 실행할 수 있습니다. 이런 상호 운용성은 다음 장에서 자세히 설명하는 이미지와 레지스트리가 정해진 표준 규격을 따르기 때문에 가능한 것입니다. 도커와 쿠버네티스는 모두 이 규격에 따라 구현합니다.

3.7.3 CNI 플러그인

이 장에서 자주 이야기했지만 쿠버네티스에서는 각 파드에 IP 주소를 부여해 서로 IP 주소로 통신할 수 있습니다.

---

[46] https://kubernetes.io/blog/2022/02/17/dockershim-faq/#why-was-the-dockershim-removed-from-kubernetes

[47] 도커 API와 CRI를 변환하는 컴포넌트로 Mirantis를 중심으로 개발된 cri-dockerd를 별도로 구동해서 도커를 노드의 런타임으로 사용할 수 있습니다(https://github.com/Mirantis/cri-dockerd).

앞에서 설명한 것처럼 파드 작성은 CRI 런타임이 담당하지만, 파드에 IP 주소를 할당하고 네트워크 인터페이스를 파드에 부여하는 구체적인 작업은 CRI 런타임의 역할이 아닙니다. 이런 작업은 **CNI 플러그인**이 담당합니다(그림 3-21). 플러그인 규격은 CNCF 프로젝트의 Container Network Interface Specification으로 정합니다.[48]

쿠버네티스에서 사용하는 CNI 플러그인 구현 방식은 다양합니다. flannel[49]은 오픈소스로 개발되는 CNI 플러그인인데 각 노드 파드끼리 VXLAN을 사용해서 통신하는 방식 등 여러 방식을 지원합니다. Calico[50]는 Tigera 사를 중심으로 오픈소스로 개발된 CNI 플러그인으로 파드 간 통신 외에도 쿠버네티스 **네트워크 정책**(NetworkPolicy)[51] 기능을 지원하고 정책을 통해 통신을 제어할 수 있습니다.

CRI 런타임은 파드를 작성할 때, CNI 플러그인에 파드 관련 정보를 CNI 표준으로 정해진 형식으로 제공하여 실행함으로써 파드에 통신 기능을 부여합니다.

3.7.4 kube-proxy

kube-proxy[52]는 3.6절에서 설명한 서비스 기능을 제공하도록 각 노드에서 통신을 관리합니다(그림 3-22). 각 kube-proxy는 API 서버를 통해 서비스를 향한 통신이 어떤 파드의 IP 주소에 도착해야 하는지를 파악합니다. 노드에서 동작 중인 파드에서 어떤 특정 서비스(클러스터IP)와 통신이 발생하면, 해당 노드에서 통신에 대응하는 파드로 전송됩니다. 리눅스 노드라면 kube-proxy는 이런 통신 전송을 iptables 또는 ipvs 기능을 사용해서 구현합니다.[53]

---

[48] https://github.com/containernetworking/cni
[49] https://github.com/flannel-io/flannel
[50] https://www.tigera.io/project-calico
[51] https://kubernetes.io/ko/docs/concepts/services-networking/network-policies
[52] https://kubernetes.io/ko/docs/reference/command-line-tools-reference/kube-proxy
[53] https://kubernetes.io/docs/reference/networking/virtual-ips

▼ 그림 3-22 kube-proxy

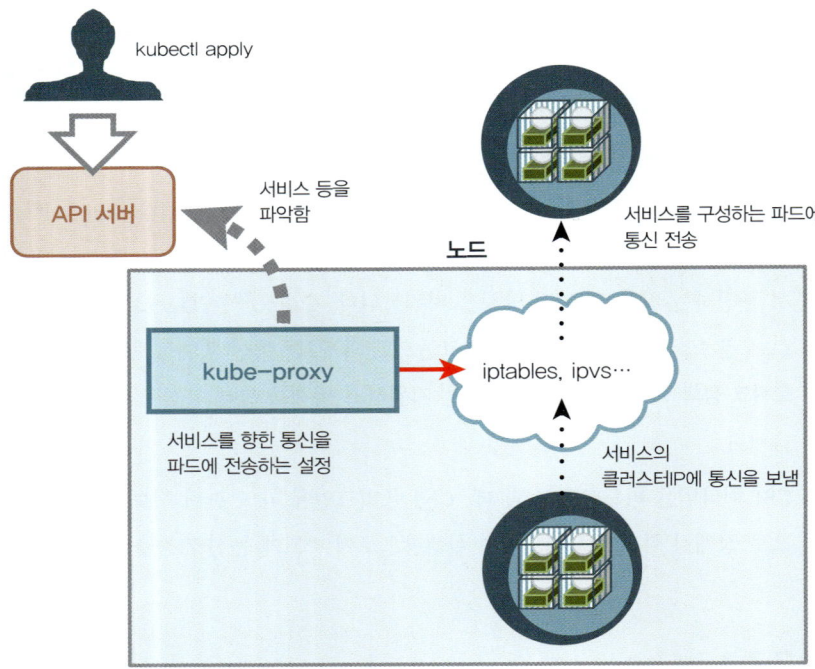

3.7.5 노드 컴포넌트의 관계

컨테이너 런타임은 4장에서 자세히 다루겠지만 지금까지 설명한 파드 관리와 관련된 노드 컴포넌트의 관계를 간단히 정리하면 다음과 같습니다(그림 3-23).

▼ 그림 3-23 노드 컴포넌트의 관계

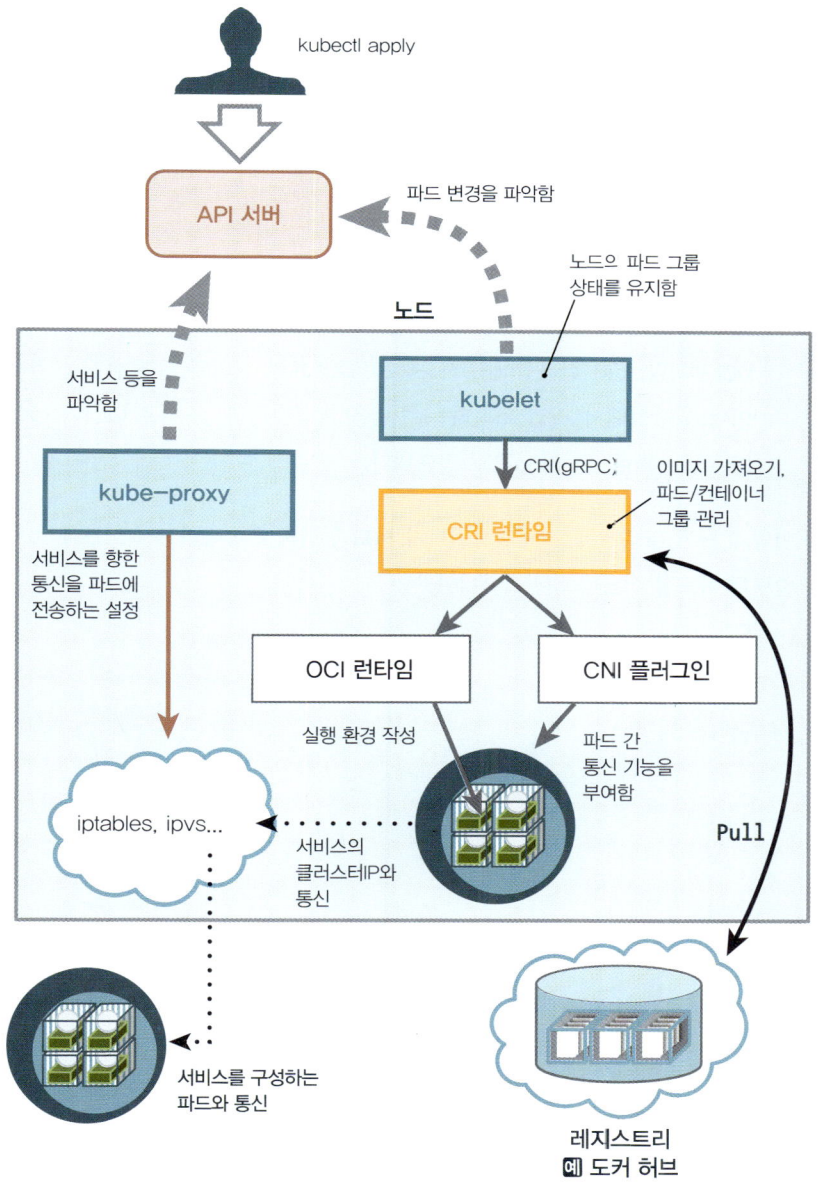

- **kubelet**: 노드의 파드를 관리합니다.
- **kube-proxy**: 서비스를 향한 통신을 해당하는 파드에 전달하여 서비스 통신을 실현합니다. 리눅스에서는 iptables 기능 등을 사용해 구현합니다.
- **CRI 런타임**: kubelet에서 지시를 받아 컨테이너 그룹을 파드로 관리하거나 이미지를 관리합니다. 규격은 쿠버네티스의 Container Runtime Interface로 정하고 gRPC API를 공개합니다.
- **CNI 플러그인**: 파드에 네트워크 인터페이스를 부여하고 파드 간의 통신을 관리하도록 CRI 런타임에서 사용합니다.
- **OCI 런타임**: CRI 런타임에서 사용하는, 호스트와 격리된 실행 환경을 컨테이너로 작성해서 직접 조작하는 수단을 제공합니다. 규격은 OCI가 OCI Runtime Specification으로 정합니다.

이렇게 노드 내부에서 노드 컴포넌트가 서로 협력해서 동작하도록 노드에 스케줄링된 파드를 실행하고 관리합니다.

3.8 정리

이 장에서는 다수의 머신으로 구성된 인프라에서 컨테이너를 관리할 때 사용하는 쿠버네티스에 대해 알아보았습니다. 먼저 쿠버네티스의 특징 중에서 **파일을 사용하는 선언적 관리, 다양한 배포 형식 지원, 확장성이 높은 아키텍처, 두터운 개발자 커뮤니티**를 설명했습니다. 그리고 쿠버네티스 클러스터 개요와 클러스터를 조작하는 도구인 kubectl 명령어 개요도 설명했습니다. 쿠버네티스 기본 기능인 파드와 레이블을 설명하고, 배포와 설정 항목, 볼륨, 서비스 공개 관련 기능을 살펴봤습니다. 마지막으로 쿠버네티스의 각 노드에서 작동하는 컴포넌트 kubelet과 kubelet이 컨테이너 관리에 사용하는 CRI 런타임, 통신 관리에 사용하는 CNI 플러그인과 kube-proxy를 소개했습니다. 또한 쿠버네티스와 도커의 관계도 설명했습니다.

다음 장에서는 컨테이너의 기초적인 부분에 집중해서 도커와 쿠버네티스가 컨테이너를 작성하는 데 사용하는 소프트웨어인 **컨테이너 런타임**을 설명합니다. 즉, 앞 장에서 소개한 도커가 컨테이너 실행 환경을 관리할 때 사용하는 OCI 런타임, 이 장에서 소개한 쿠버네티스가 각 노드에서 컨테이너를 관리할 때 사용하는 **CRI 런타임**에 초점을 맞추고, 이들의 관계와 표준 규격, 요소 기술 등을 알아보겠습니다.

memo

4장

컨테이너 런타임과 컨테이너 표준 규격

지금까지 널리 사용되는 컨테이너 관리 도구인 도커와 쿠버네티스의 개요를 통해 컨테이너 활용 방법을 살펴보았습니다. 이 장에서는 컨테이너의 기초적인 부분으로 컨테이너가 어떻게 만들어지는지 주목하고, 컨테이너 작성을 담당하는 소프트웨어로 널리 사용하는 컨테이너 런타임과 표준 규격 등을 설명합니다. 참고로 이 장은 리눅스 환경을 전제로 합니다.

4.1 컨테이너 런타임 개요

도커나 쿠버네티스에서 컨테이너를 실행할 때 컨테이너는 어떤 소프트웨어로 만들어지는 것일까요? 그 역할을 담당하는 소프트웨어가 바로 **컨테이너 런타임**입니다. 컨테이너 런타임은 쿠버네티스와 같은 상위 오케스트레이터의 지시를 받아서 머신에 파드와 컨테이너를 작성하고 관리합니다.

컨테이너의 기본 특징인 호스트와 격리된 실행 환경 작성, 컨테이너 이미지에서 컨테이너 실행, 컨테이너 이미지 배포 등도 컨테이너 런타임이 담당합니다. 컨테이너를 컨테이너답게 만드는 가장 기본적인 기능을 제공한다고 할 수 있습니다.

4.1.1 도커, 쿠버네티스, 컨테이너 런타임의 관계

먼저 도커와 쿠버네티스가 어떻게 컨테이너 런타임을 사용하는지 그 관계를 정리해봅시다(그림 4-1).

▼ 그림 4-1 도커, 쿠버네티스, 런타임의 관계

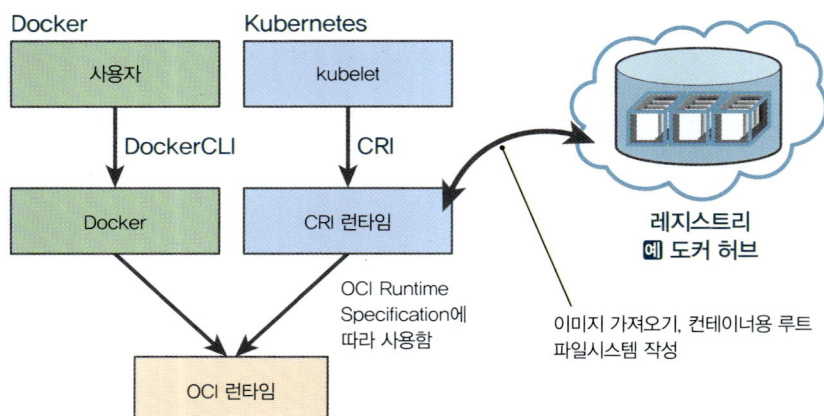

도커와 컨테이너 런타임

도커 데몬은 사용자로부터 도커 CLI 등에서 컨테이너 작성 지시를 받거나, 레지스트리와 통신, 이미지, 컨테이너, 네트워크 등을 관리합니다. 또한 도커 데몬은 컨테이너로 실행하는 애플리케이션을 위한 호스트와 격리된 실행 환경을 만드는 작업에 저수준 계층의 런타임 **OCI 런타임**을 사용합니다. OCI 런타임 규격은 OCI Runtime Specification으로 업계 표준 규격이 정혀져 있습니다. 이때 도커는 컨테이너 실행 설정(실행 명령어와 환경 변수 등)과 이미지를 사용해서 만든 컨테이너용 루트 파일시스템을 OCI 런타임에 넘깁니다.[1]

쿠버네티스와 컨테이너 런타임

각 노드의 kubelet은 자신의 노드에 파드가 스케줄링되면 CRI 런타임에 파드 작성을 지시합니다. 이때 kubelet은 Container Runtime Interface(CRI)[2]로 정해진 표준 API를 통해 CRI 런타임을 조작합니다. CRI 런타임은 파드 작성과 관리를 위해 레지스트리와의 통신과 이미지, 파드, 컨테이너 상태 관리, 네트워크 관리를 수행합니다. 또한 OCI 런타임을 사용해 컨테이너용으로 격리된 실행 환경을 작성합니다. 이때 호출하는 방법은 도커와 마찬가지로 컨테이너 실행 설정과 루트 파일시스템을 OCI 런타임에 넘깁니다.

도커와 쿠버네티스 상호 운용성 및 표준 규격

도커와 쿠버네티스는 똑같은 방식으로 레지스트리를 조작해 이미지를 가져오고 OCI 런타임을 사용해 컨테이너 실행 환경을 작성합니다. 이렇게 컨테이너, 이미지, 레지스트리를 도구 간에 서로 통일된 방식으로 다룰 수 있어서 docker build로 작성한 이미지를 레지스트리를 통해 도커와 쿠버네티스가 공유할 수 있습니다. 따라서 사용자는 환경에 따라 도커와 쿠버네티스를 조합해서 서비스를 개발하고 운영할 수 있습니다.

---

1 조금 더 자세히 말하면 도커는 다음 절에서 설명하는 containerd 컴포넌트를 경유해서 CCI 런타임 조작과 컨테이너를 관리합니다.

2 https://github.com/kubernetes/cri-api

도커와 쿠버네티스의 높은 상호 운용성이 가능한 요인은 업계에서 정한 컨테이너 관련 표준 규격 때문입니다. Open Container Initiative(OCI) 단체가 OCI 런타임, 이미지, 레지스트리에 각각 표준 규격을 정합니다. 도커와 쿠버네티스는 이 공통 규격을 바탕으로 개발되므로 서로 연동할 수 있습니다. OCI가 정한 구체적인 표준 규격은 이 장 뒷부분에서 다시 설명하겠습니다.

4.1.2 두 종류의 런타임 레이어

지금부터는 도커와 쿠버네티스로 컨테이너 런타임을 사용해 컨테이너를 작성, 관리하는 흐름을 설명하겠습니다.

그림 4-2처럼 일반적으로 컨테이너 런타임 소프트웨어는 역할에 따라 두 단계의 계층으로 나뉩니다. 쿠버네티스와 도커[3]의 컨테이너 관리 흐름은 이 두 종류의 런타임 연계로 볼 수 있습니다.

- **고수준 런타임**: 사용자나 kubelet 등에서 지시를 받아 레지스트리 통신, 컨테이너, 이미지, 네트워크 등을 관리합니다. 도커나 CRI 런타임이 여기에 해당합니다. 특히 쿠버네티스에서는 이런 규격을 Container Runtime Interface(CRI)로 정의합니다.

- **저수준(OCI) 런타임**: 고수준 런타임에서 지시를 받아서 호스트와 격리된 실행 환경을 컨테이너로 만들고 직접 조작하는 수단을 제공합니다. 규격은 OCI가 OCI Runtime Specification으로 정의합니다.

2장에서 소개한 도커, 3장에서 소개한 CRI 런타임은 고수준 런타임, 이 장에서 소개하는 runc는 저수준 런타임에 해당합니다.

---

3 이 책에서는 도커를 고수준 런타임으로 설명하는데, 고수준 런타임 정의에는 여러 시각이 있어서 도커를 구성하는 컴포넌트인 containerd를 고수준 런타임으로 보고 도커를 그 위에 위치한 엔진으로 보는 경우도 있습니다.

▼ 그림 4-2 런타임의 두 가지 레이어

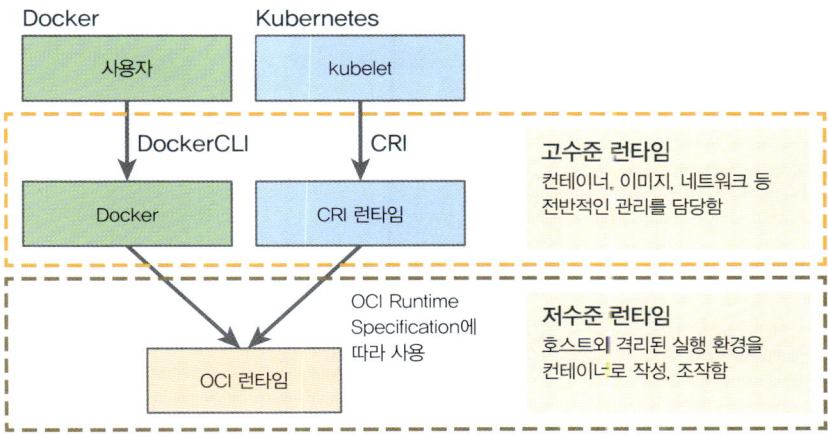

4.1.3 CRI 런타임, OCI 런타임 연동과 파드 작성 흐름

지금부터 컨테이너 런타임의 두 레이어가 어떻게 연동되는지 구체적으로 알아봅시다. 쿠버네티스의 노드에서 파드를 하나 작성하는 예를 살펴보겠습니다(그림 4-3). CRI(고수준) 런타임으로 containerd, OCI(저수준) 런타임으로 runc를 사용하는 예이지만 다른 런타임을 사용해도 CRI 런타임과 OCI 런타임 연동 방식에는 큰 차이가 없습니다.

▼ 그림 4-3 파드 작성 흐름

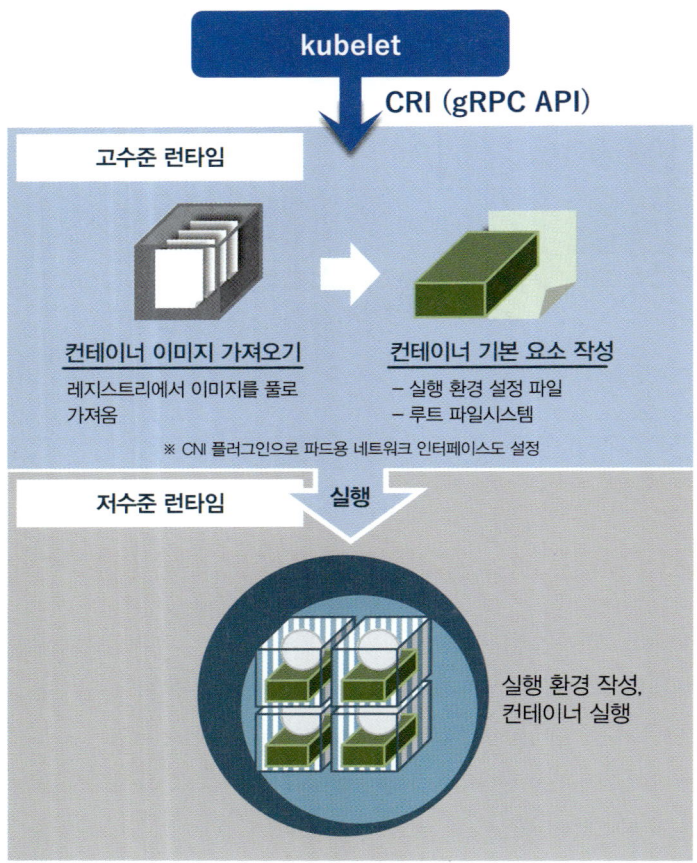

쿠버네티스의 노드에서 실행되는 kubelet은 API 서버 등에서 발생한 파드 관련 변경 내용을 감시합니다. 파드가 자신의 노드에 스케줄링되거나 파드에 관련된 어떤 변경이 있으면 해당 노드에서 CRI 런타임을 호출합니다. 예를 들어 새로운 파드를 작성하는 경우, CRI 런타임에 필요한 이미지를 가져오거나 파드 또는 컨테이너 작성을 지시합니다. 이때 kubelet은 CRI 런타임에 gRPC API를 사용해서 지시하는데 이 API가 Container Runtime Interface(CRI)로 쿠버네티스에 정의되어 있습니다.

CRI 런타임은 kubelet 지시에 따라 레지스트리에서 이미지를 가져오거나, 파드와 컨테이너를 작성할 준비를 합니다. 구체적으로는 이미지를 압축 해제해서 컨테이너 루트 파일시스템을 만들거나, 컨테이너 실행 환경 설정 파일을 준비합니다. 또한 CRI 런타임은 CNI 플러그인을 사용해서 파드용 네트워크 인터페이스도 작성합니다. 하나의 파드에서 실행되는 컨테이너끼리 이렇게 작성한 네트워크 인터페이스를 포함한 네트워크에 관련된 일부 자원을 공유하도록 실행 환경 설정 파일에 반영합니다. 그리고 CRI 런타임은 작성한 컨테이너 실행 환경 설정 파일과 이미지에서 작성한 루트 파일시스템을 OCI 런타임에 넘겨서 컨테이너 실행 환경 작성을 지시합니다.

OCI 런타임 규격은 Open Container Initiative(OCI)에서 **OCI Runtime Specification**으로 정합니다. CRI 런타임은 이 규격에 따라 OCI 런타임을 실행해서 애플리케이션 실행 환경, 즉 컨테이너를 작성합니다. OCI Runtime Specification은 이 장에서 조금 후에 설명합니다.

OCI 런타임은 이렇게 넘겨 받은 설정과 루트 파일시스템으로 호스트와 격리된 실행 환경을 컨테이너로 작성합니다. 이후에 컨테이너에 담긴 애플리케이션(엔트리 포인트)을 작성한 환경에서 실행합니다. 이렇게 컨테이너 하나가 실행됩니다.

이후에도 kubelet은 파드 내부에서 구동할 컨테이너를 작성하도록 차례로 CRI 런타임에 지시합니다. 그때마다 위와 같은 흐름으로 네트워크 인터페이스 등을 공유하는 컨테이너 그룹이 작성되고 최종적으로 하나의 파드가 완성됩니다.

4.2 다양한 고수준 런타임 (도커 호환 런타임)

앞 절에서 설명한대로 고수준과 저수준의 두 계층 런타임을 연동해서 컨테이너를 작성하고 관리합니다. 이런 런타임에 다양한 구현체가 있고 각 런타임은 고유한 특징이 있습니다.

이 절에서는 이런 런타임 구현 중에서 특히 개발자가 컨테이너 관리에 사용하는 도커 호환 런타임 몇 가지를 소개하겠습니다.

4.2.1 도커

2장에서 설명한 도커[4]는 고수준 런타임에 해당합니다. 이 책에서는 도커를 고수준 런타임으로 다루지만, 고수준 런타임 정의에는 여러 시각이 있어서 도커를 구성하는 컴포넌트인 containerd를 고수준 런타임으로 보고 도커(dockerd 포함)를 그 위에 위치한 엔진으로 보는 경우도 있습니다.

도커는 컨테이너 실행뿐만 아니라 컨테이너 빌드 기능 등 다양한 기능을 제공하고 컨테이너 작업 흐름 전체를 관리할 수 있는 도구로 널리 쓰입니다. 그리고 스웜 모드(Swarm mode)라고 부르는 컨테이너 오케스트레이션 기능도 제공합니다.

---

[4] https://www.docker.com

4.2.2 파드맨

파드맨(Podman)[5]은 레드햇(Red Hat)을 중심으로 개발된 도구로 컨테이너 작업 흐름을 포괄적으로 관리할 수 있습니다(그림 4-4). 도커 호환 CLI를 제공하는 컨테이너 런타임으로 레드햇을 중심으로 오픈소스로 개발 진행 중입니다.

▼ 그림 4-4 파드맨

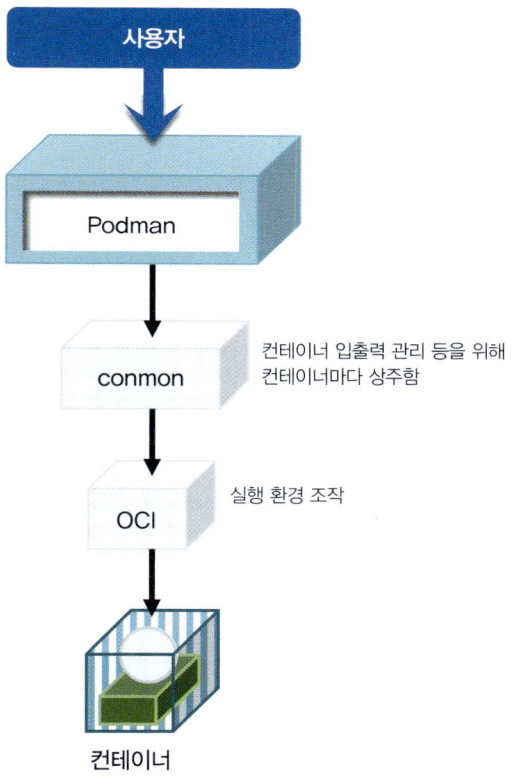

---

[5] https://podman.io

이미지 빌드, 배포, 컨테이너 실행 같은 컨테이너 관리 기능을 도커 호환 UI로 제공합니다. 또한 컨테이너는 파드맨 CLI 명령어의 자식 프로세스로 실행되고, 이미지 관리도 파드맨 CLI 명령어로 직접 파일시스템을 조작하는 방식으로 컨테이너가 공통 데몬을 사용하지 않는 설계(daemonless)를 지향한다는 점이 특징입니다. 이런 점은 클라이언트/서버 아키텍처를 채택해서 호스트에서 공통 dockerd로 컨테이너와 이미지를 관리하는 도커의 설계 개념과는 대조적입니다. 또한 파드맨은 컨테이너마다 conmon 프로세스를 실행해서 각 컨테이너의 입출력 관리와 로그 수집 등을 처리합니다.

파드맨은 여러 컨테이너를 하나로 묶어서 실행하는 파드 기능이 있습니다. 쿠버네티스의 파드와 디플로이먼트 매니페스트를 파드맨에서 실행하거나, 반대로 파드맨의 파드와 컨테이너를 쿠버네티스에서 실행하기 위한 매니페스트를 생성하는 등의 쿠버네티스 매니페스트를 지원하는 기능도 제공합니다.[6]

---

6 https://docs.podman.io/en/stable/markdown/podman-kube.1.html

4.3 다양한 고수준 런타임 (CRI 런타임)

이 절에서는 쿠버네티스 환경에서 사용하는 고수준 런타임 CRI 런타임을 설명합니다.

4.3.1 containerd

containerd[7]는 CNCF에서 개발하는 컨테이너 런타임입니다(그림 4-5). CNCF 졸업 단계에 해당하는 프로젝트로 성숙도가 높습니다. containerd는 CRI 구현체이며 Google Kubernetes Engine[8], Azure Kubernetes Service[9], Amazon Elastic Kubernetes Service[10] 등에서 사용됩니다. 원래는 도커의 일부였지만 현재는 독립 프로젝트로 개발이 진행 중입니다. 지금도 도커는 컨테이너를 실행하는데 containerd를 내부에서 사용합니다.[11]

플러그형 설계가 특징이며, 사용 사례에 따라 플러그인을 구현해 containerd를 확장할 수 있습니다. 예를 들어 containerd 서브 프로젝트의 이미지 풀 작업 고속화 플러그인 stargz-snapshotter[12], AWS Fargate의 이미지 풀 고속화

---

[7] https://containerd.io
[8] https://cloud.google.com/kubernetes-engine/docs/concepts/using-containerd?hl=ko
[9] https://learn.microsoft.com/ko-kr/azure/aks/core-aks-concepts#container-runtime
[10] https://docs.aws.amazon.com/ko_kr/eks/latest/userguide/eks-optimized-ami.html
[11] 도커 24에서 이미지 관리는 containerd를 사용하지 않고 도커 데몬이 직접 관리하지만, 이미지 관리 기능도 containerd를 사용하는 containerd image store 기능으로 실험적으로 구현되어 있습니다(https://docs.docker.com/engine/storage/containerd).
[12] https://github.com/containerd/stargz-snapshotter

플러그 soci-snapshotter[13] 등을 들 수 있습니다. containerd는 저수준 런타임을 shim 플러그인을 통해서 인식합니다. 저수준 런타임 프로젝트는 각자 설계에 맞춰서 shim을 구현하기 때문에 containerd를 통해 저수준 런타임을 조작할 수 있습니다. 예를 들어 나중에 소개하는 Kata Containers는 독자적인 shim을 사용해서 containerd와 통합합니다.[14]

▼ 그림 4-5 containerd와 파드

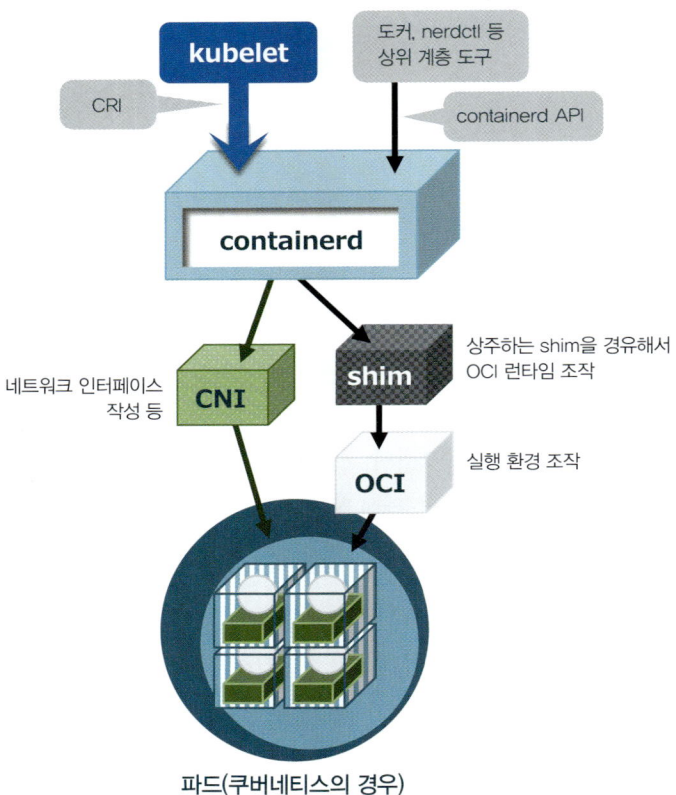

---

13 https://github.com/awslabs/soci-snapshotter
14 https://github.com/kata-containers/kata-containers/blob/main/docs/design/architecture/history.md

또한 containerd는 CRI와 다른 **containerd API**와 클라이언트 라이브러리를 제공합니다. 이를 통해 쿠버네티스(CRI)에서만 사용할 수 있는 것이 아니라 다른 도구도 클라이언트 라이브러리를 사용해 containerd를 사용할 수 있습니다.

예를 들어 도커가 컨테이너를 관리하기 위해 내부적으로 클라이언트 라이브러리를 경유해서 containerd를 사용하는 사례가 유명합니다. 그 외에도 moby 프로젝트로 개발된 빌드 도구 BuildKit[15], containerd 서브 프로젝트로 개발 진행 중인 도커 호환 CLI의 nerdctl[16]도 containerd를 사용합니다.

4.3.2 CRI-O

CRI-O도 CNCF에 속한 컨테이너 런타임으로 Kubernetes Node SIG와 레드햇을 중심으로 개발이 진행 중입니다(그림 4-6). CNCF 졸업 단계에 해당하는 프로젝트로 성숙도가 높습니다. CRI-O는 쿠버네티스가 직접 사용할 목적으로 개발된 점이 특징이며, containerd의 플러그형 설계와 다양한 도구와의 통합할 수 있다는 특징과 대비됩니다.

CRI를 통해서 사용하지 않는 기능(이미지 빌드, 레지스트리 푸시 기능 등)은 개발 범위에서 제외되고 버전도 쿠버네티스를 따라갑니다. 레드햇 오픈시프트(OpenShift), Oracle Linux Cloud Native Environment 등 상용 서비스에서 지원하는 사례가 있습니다.[17]

설계 측면에서는 containerd와 다르게 플러그인을 지향하지 않지만 스토리지나 이미지 관련 주요 컴포넌트가 각자 독립적인 라이브러리 프로젝트로 개발되는 점이 특징적입니다. 이런 프로젝트는 깃허브 containers 조직 하위에 존재합니다.[18]

---

15 https://github.com/moby/buildkit
16 https://github.com/containerd/nerdctl
17 https://github.com/cri-o/cri-o/blob/main/ADOPTERS.md
18 https://github.com/containers

containers 조직 하위 라이브러리를 사용하는 또 다른 컨테이너 런타임 구현으로는 앞에서 설명한 파드맨이 있고, CRI-O와 일부 코드를 공유합니다. CRI-O도 파드맨과 마찬가지로 각 컨테이너 관리를 conmon 프로세스를 사용해서 각 컨테이너 입출력 관리와 로그 수집 작업을 합니다.

▼ 그림 4-6 CRI-O와 파드

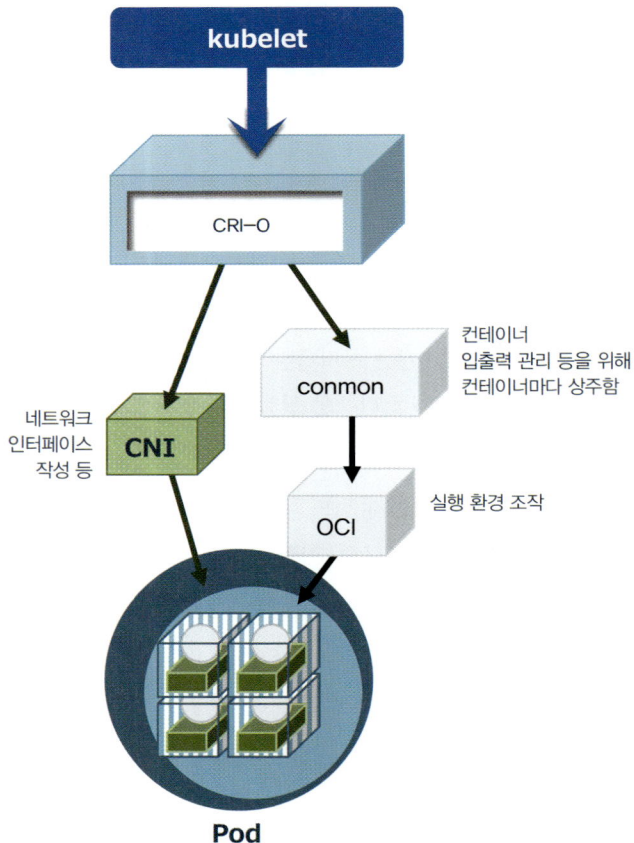

4.4 다양한 저수준 런타임

저수준 런타임은 OCI가 정의한 인터페이스를 통해 고수준 런타임에서 지시를 받아 호스트와 격리된 실행 환경을 작성하고 조작하는 수단을 제공합니다. 컨테이너는 애플리케이션을 호스트와 격리된 실행 환경으로 작동시키는 기술이지만, 이런 실행 환경 작성법은 다양해서 저수준 런타임에 따라 여러 갈래로 나뉩니다.

4.4.1 runc

runc[19]는 OCI가 만든 참조 구현 컨테이너 런타임입니다(그림 4-7).

많은 리눅스 환경의 도커에서 사용하는 OCI 런타임이 runc입니다. 원래 도커의 일부로 개발된 libcontainer 라이브러리였는데 OCI(당시 OCP: Open Container Project)에 양도되었습니다. 컨테이너 실행 환경 작성은 리눅스 커널이 제공하는 네임스페이스와 cgroup 등의 기능을 사용합니다. runc는 4.6절에서 자세히 설명합니다.

---

19 https://github.com/opencontainers/runc

▼ 그림 4-7 runc 개요

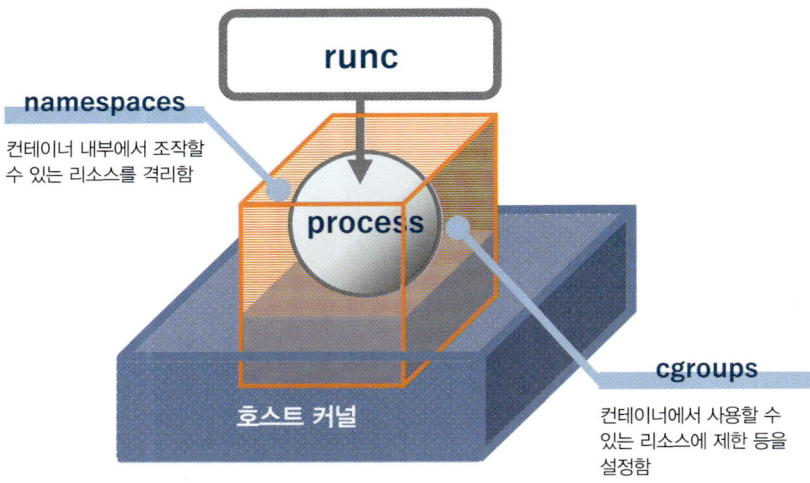

4.4.2 gVisor

gVisor[20]는 구글이 개발한 컨테이너 런타임으로 구글 클라우드의 GKE Sandbox[21], Cloud Run[22](1세대) 서비스에서 사용합니다.

gVisor는 사용자 공간 커널 기술을 사용해서 호스트와 강력하게 격리된 컨테이너 실행 환경을 제공하는 점이 특징입니다(그림 4-8). gVisor에서는 **Sentry** 컴포넌트가 사용자 공간에서 동작하는 커널이 됩니다.

---

20 https://gvisor.dev
21 https://cloud.google.com/kubernetes-engine/docs/concepts/sandbox-pods?hl=ko
22 https://cloud.google.com/run/docs/container-contract?hl=ko#sandbox

▼ 그림 4-8 gVisor 개요

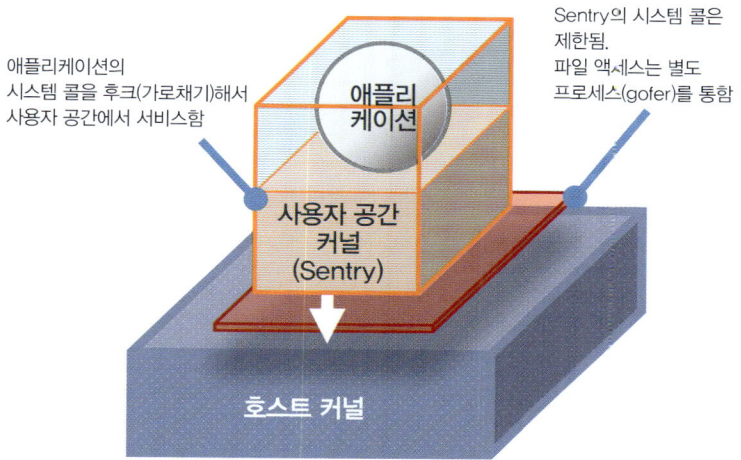

Sentry는 리눅스의 seccomp나 ptrace 기능을 사용해서 애플리케이션이 발행한 시스템 콜을 감지해 사용자 공간에서 서비스합니다. Sentry에서 호스트 OS로 보내는 시스템 콜 발행은 제한되고, 파일 액세스는 별도의 gofer 프로세스를 경유합니다. 이런 방식으로 컨테이너에서 호스트 OS를 향하는 시스템 콜이 제한됩니다.

이처럼 gVisor는 사용자 공간 커널 기술을 사용해서 컨테이너와 호스트 간의 격리를 강화합니다. 다만 gVisor는 몇몇 리눅스 시스템 콜이 미구현 상태이므로 주의가 필요합니다.[23]

---

[23] https://gvisor.dev/docs/user_guide/compatibility

4.4.3 Kata Containers

Kata Containers[24]는 오픈스택 재단(OpenStack Foundation)에서 개발 중인 컨테이너 런타임으로 Azure Kubernetes Service에서 미리보기 기능으로 채용[25]했고 바이두(Baidu)가 제공하는 클라우드 서비스에서 도입한 사례[26]가 있습니다. Kata Containers도 호스트와 강력하게 격리된 컨테이너 실행 환경을 제공하는 런타임인데 사용하는 기술이 gVisor와는 다릅니다. Kata Containers는 컨테이너 실행 용도로 튜닝한 경량 가상머신을 파드 단위로 작성하고 그 위에서 컨테이너를 실행합니다(그림 4-9).

가상머신 작성에 다양한 하이퍼바이저와 VMM을 지원합니다.[27] 그중에는 AWS Lambda, AWS Fargate에서 경량 가상머신으로 사용하는 AWS Firecracker도 포함됩니다. 가상머신 내부에는 agent 컴포넌트가 실행되어 VM 안에서 컨테이너를 작성하고 관리합니다.[28]

❤ 그림 4-9 Kata Containers 개요

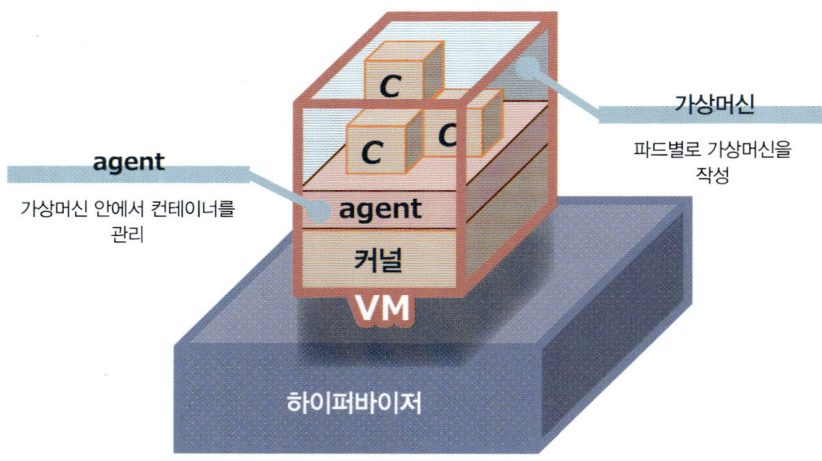

---

24 https://katacontainers.io
25 https://learn.microsoft.com/ko-kr/azure/aks/use-pod-sandboxing
26 https://medium.com/kata-containers/kata-baidu-whitepaper-16ad04a5302
27 https://github.com/kata-containers/kata-containers/blob/main/docs/hypervisors.md
28 https://github.com/kata-containers/kata-containers/tree/main/docs/design/architecture#agent

4.5 OCI 표준 규격

도커와 쿠버네티스는 모두 동일한 이미지와 레지스트리를 다룰 수 있습니다. 따라서 `docker build`로 빌드한 이미지를 레지스트리를 통해 서로 공유할 수 있습니다. 앞 절에서 다양한 컨테이너 런타임 구현체를 설명했는데 이런 런타임은 서로 호환성을 유지하면서 개발됩니다. 그렇기 때문에 드커에서 사용하는 런타임을 runc에서 gVisor로 바꿔서 컨테이너를 실행할 수 있습니다.

이러한 도구의 상호 운용성과 호환성 확보에 크게 기여하는 곳이 OCI 단체입니다. OCI는 **Open Container Initiative**[29]의 약어로 리눅스 재단(Linux Foundation)의 후원을 바탕으로 컨테이너 기술 관련 표준 규격 제정과 참조 구현 개발을 진행합니다. 2015년에 도커, CoreOS를 비롯한 컨테이너 업계 기업이 주도적으로 시작했습니다. 컨테이너 관련 기술인 런타임, 이미지, 레지스트리 규격은 OCI에서 표준화합니다. 이 절에서는 각각의 규격 개요를 설명합니다.

4.5.1 OCI Runtime Specification

OCI Runtime Specification[30]은 OCI가 제정한 저수준 런타임 규격입니다. 따라서 저수준 런타임은 종종 OCI 런타임이라고 부릅니다. 전에 설명했듯이 저수준 런타임은 다양한 구현이 있지만 모두 런타임 규격을 따라서 개발되므로 고수준 런타임 같은 상위 컴포넌트에서 모두 동일한 방식으로 사용할 수 있습니다. 이 절에서는 Runtime Specification으로 정해진 규격 중에서 다음 항목을 중심으로 설명합니다(그림 4-10).

---

29 https://opencontainers.org
30 https://github.com/opencontainers/runtime-spec/tree/v1.1.0

▼ 그림 4-10 컨테이너 생명주기와 관련된 사양

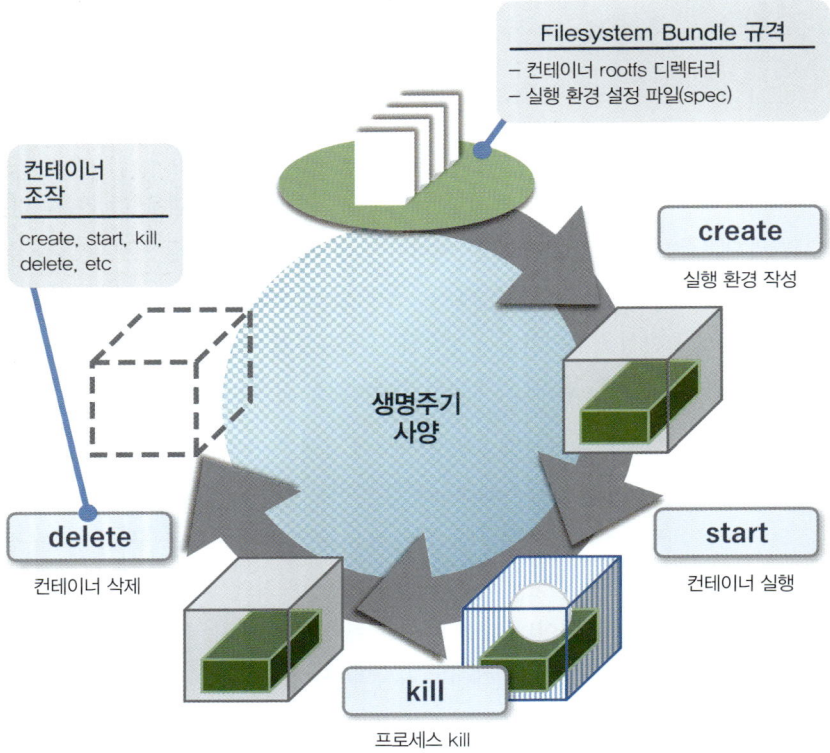

- 컨테이너 기반
- 컨테이너 생명주기
- 컨테이너에 할 수 있는 조작

이 절에서는 집필 당시 최신 규격인 OCI Runtime Specification v1.1을 바탕으로 설명합니다.[31]

---

[31] 역주 2025년 4월 기준 최신 규격은 1.2.1(2025년 2월 발표)로 1.1을 기반으로 플랫폼 호환성과 세부 기능을 추가한 버전입니다.

컨테이너 기반

컨테이너를 작성하려면 먼저 기반이 필요합니다. 컨테이너 기반은 **파일시스템 번들**(Filesystem bundle)이라고 부릅니다. 혼동하기 쉽지만 컨테이너 이미지와 다르므로 주의해야 합니다(그림 4-11).

▼ 그림 4-11 이미지와 파일시스템 번들

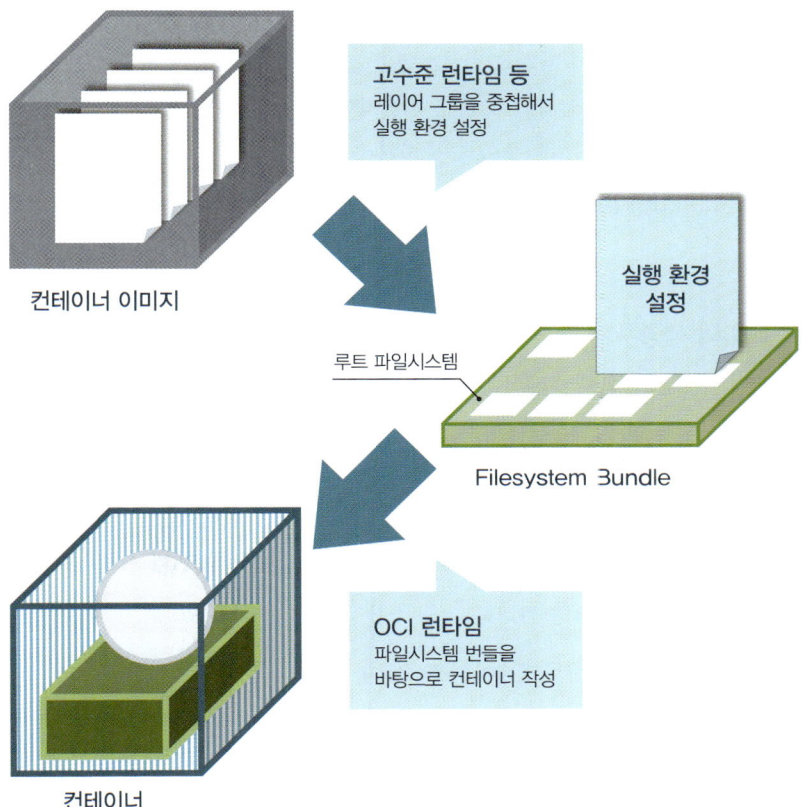

파일시스템 번들은 containerd를 비롯한 고수준 런타임이 이미지를 가져온 후에 이미지를 구성하는 파일들을 runc 등의 저수준 런타임에 넘길 때, 그 저장 방법을 정한 규격입니다.

파일시스템 번들의 실제 모습은 다음과 같은 파일을 모은 디렉터리입니다.

- 컨테이너 루트 파일시스템
- 컨테이너 실행 환경 설정 파일

예를 들어 쿠버네티스 환경이라면 고수준 런타임이 이미지를 레지스트리에서 가져오고 이미지에 포함된 루트 파일시스템과 실행 시 필요한 정보, kubelet 경유로 받은 설정 등에 따라 파일시스템 번들을 작성합니다. 실행 환경 설정 파일은 실행할 명령어(엔트리 포인트), 사용자, 환경 변수와 함께 4.7절에서 설명한 네임스페이스, cgroup 같은 설정 항목을 포함한 JSON 파일입니다. 저수준 런타임은 파일시스템 번들에 포함된 이 파일들을 사용해서 컨테이너를 작성합니다.

컨테이너 생명주기

런타임 규격은 작성한 컨테이너의 생명주기도 정의합니다.

규격에 따르면 각 단계 중간에 후크 실행 등의 처리가 들어가기도 하지만, 대략 다음 단계(❶~❹)를 거칩니다(그림 4-10).

❶ 파일시스템 번들을 OCI 호환 런타임에 지정해서 컨테이너를 작성합니다.

❷ 컨테이너 실행을 시작합니다.

❸ 컨테이너 내부의 애플리케이션을 종료합니다.

❹ 컨테이너를 삭제합니다.

컨테이너에 할 수 있는 조작

위에서 정의한 생명주기에 따라 컨테이너에 할 수 있는 조작은 다음과 같이 정의됩니다(그림 4-10).

- **create**: 컨테이너를 작성합니다.
- **start**: 컨테이너 내부에서 애플리케이션을 실행합니다.
- **kill**: 컨테이너를 종료합니다.
- **delete**: 컨테이너를 삭제합니다.
- **state**: 컨테이너 상태를 확인합니다.

컨테이너와 이런 조작을 할 수 있도록 OCI 호환 컨테이너 런타임에도 이런 명령어가 구현됩니다. 규격에는 구현 방법에 별다른 제한은 없지만, 이런 조작은 저수준 런타임 실행 바이너리의 서브 명령어로 구현하는 경우가 많습니다. runc라면 state 명령어를 예제 4-1처럼 실행합니다.

예제 4-1 runc의 state 명령어

```
runc state <container-id>
```

4.5.2 OCI Image Specification

OCI Image Specification[32]은 OCI가 제정한 컨테이너 이미지 표준 규격입니다. 컨테이너 이미지를 구성하는 컴포넌트(파일)와 디스크에서의 배치 방법, 각 컴포넌트 미디어 종류 등을 정의합니다.[33] 이 절에서는 집필 당시 최신인 OCI Image Specification v1.0을 기준으로 설명합니다. 특히 컨테이너 이미지를 구성하는 다음 컴포넌트를 중심으로 설명합니다(그림 4-12).

---

[32] https://github.com/opencontainers/image-spec/tree/v1.0
[33] OCI 이미지는 지금까지 컨테이너에서 사용하는 것이 일반적이지만 컨테이너뿐만 아니라 범용적인 데이터 저장 형식으로도 사용할 수 있습니다. 예를 들어 쿠버네티스용 패키지 매니저 Helm은 쿠버네티스에서 실행할 애플리케이션 배포 방식 정의 등을 하나로 묶은 chart 패키지를 OCI 이미지로 합쳐서 레지스트리를 사용해서 배포하는 기능이 있습니다(https://helm.sh/docs/topics/registries).

- 매니페스트
- 레이어
- 구성 파일(configuration)
- 인덱스(optional)

매니페스트

이미지를 구성하는 핵심이 매니페스트 JSON 파일입니다.

매니페스트는 컨테이너 이미지의 설계도 역할을 하고 이미지를 구성하는 다른 컴포넌트(레이어, 구성 파일 등)를 가리키는 **디스크립터**(descriptor) 정보를 저장합니다. 디스크립터는 지정한 컴포넌트의 미디어 종류와 크기, 다이제스트(해시값) 등을 포함합니다. 매니페스트에서 지정한 컴포넌트 그룹을 하나로 묶어서 이미지로 다룹니다.

▼ 그림 4-12 이미지를 구성하는 컴포넌트

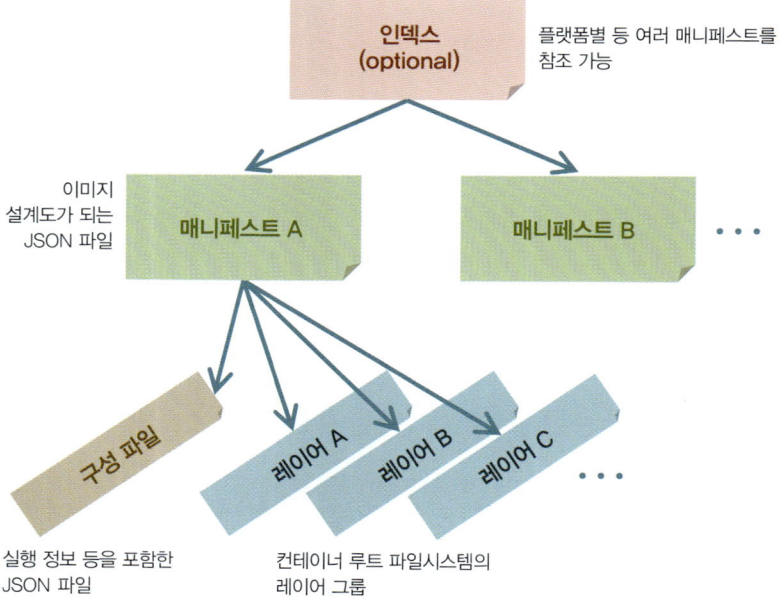

레이어

2장에서 설명했듯이 컨테이너 루트 파일시스템의 데이터는 레이어 구조입니다. 레이어 데이터 형식에는 몇 가지 규격이 존재합니다. 대부분은 tar와 gzip으로 아카이브 압축하는 방식을 사용하지만 그 외에도 압축하지 않는 tar 레이어나 v1.1 버전에서 정의한 zstd 형식으로 압축한 레이어도 규격에 포함됩니다.[34]

구성 파일

구성 파일(configuration)은 이미지를 컨테이너로 실행할 때 필요한 정보가 기록된 JSON 파일입니다. 구성 파일에는 컨테이너에서 실행할 명령어(엔트리 포인트), 사용자, 환경 변수, 루트 파일시스템을 구성하는 레이어 목록 등이 들어갑니다. 고수준 런타임이 파일시스템 번들을 작성할 때 사용합니다.

인덱스

인덱스는 선택 사항(optional) 파일이지만 멀티 아키텍처에 대응하는 이미지를 만들 때 유용한 JSON 파일입니다. 인덱스에는 매니페스트 참조 정보가 저장됩니다. 매니페스트 참조는 여러 개를 저장할 수 있고 각각에 이미지 대상 아키텍처, OS 같은 정보를 부여할 수 있습니다.

런타임은 이런 인덱스를 참조해서 자신이 실행된 노드 플랫폼에 맞는 매니페스트(그리고 참조되는 구성 파일과 레이어 그룹)를 선택하고 가져올 수 있습니다.

4.5.3 OCI Distribution Specification

OCI Distribution Specification[35]은 컨테이너 레지스트리 API를 정의하는 규격입니다. 도커 레지스트리 HTTP API[36]를 기반으로 규격이 만들어졌고 공통

---

[34] https://github.com/opencontainers/image-spec/blob/main/layer.md
[35] https://github.com/opencontainers/distribution-spec/tree/v1.0
[36] https://docs.docker.com/retired

된 부분이 많습니다. 이 절에서는 집필 당시 최신 버전인 OCI Distribution Specification v1.0을 기준으로 설명합니다.

규격은 이미지 풀과 푸시용 API, 이미지 태그 목록 조회용 API처럼 레지스트리에서 이미지를 조작할 수 있는 API를 정의합니다.[37] 규격으로 정해진 API 중에서 특히 이미지 풀과 푸시 관련 내용이 표 4-1입니다. 컨테이너 레이어 구조와 이미지 매니페스트를 활용하는 구조가 API에도 반영되어 있습니다.

▼ 표 4-1 매니페스트와 API

조작	API
매니페스트 pull	GET /v2/\<name\>/manifests/\<reference\>
레이어 pull	GET /v2/\<name\>/blobs/\<digest\>
매니페스트 push	PUT /v2/\<name\>/manifests/\<reference\>
레이어 push	POST /v2/\<name\>/blobs/uploads/ PUT /v2/\<name\>/blobs/uploads/\<reference\>?digest=\<digest\>

그림 4-13처럼 이미지를 레지스트리에서 가져오는 작업은 다음 ❶~❷ 순서로 진행됩니다.

❶ 런타임은 이미지 태그명을 사용하여 매니페스트를 /v2/\<name\>/manifests/\<reference\> API를 통해 GET 메서드로 다운로드합니다.

❷ 다음으로 매니페스트에 있는 레이어 그룹 다이제스트를 이름으로 사용하여 각 레이어를 /v2/\<name\>/blobs/\<digest\> API를 통해 GET 메서드로 다운로드합니다.

---

[37] OCI Distribution Specification v1.1은 이미지 사이의 참조 관계를 조회하는 API(Referrers API)를 추가하자는 논의가 있습니다(https://github.com/opencontainers/distribution-spec/blob/v1.1.0-rc3/spec.md#listing-referrers).

런타임은 다운로드한 이런 레이어 그룹을 디스크에 압축 해제하고, 컨테이너를 실행할 때 2장에서 설명한 오버레이 파일시스템 등을 사용해서 중첩한 루트 파일시스템을 작성할 수 있습니다(그림 4-13의 ❸).

▼ 그림 4-13 이미지 풀 동작 흐름

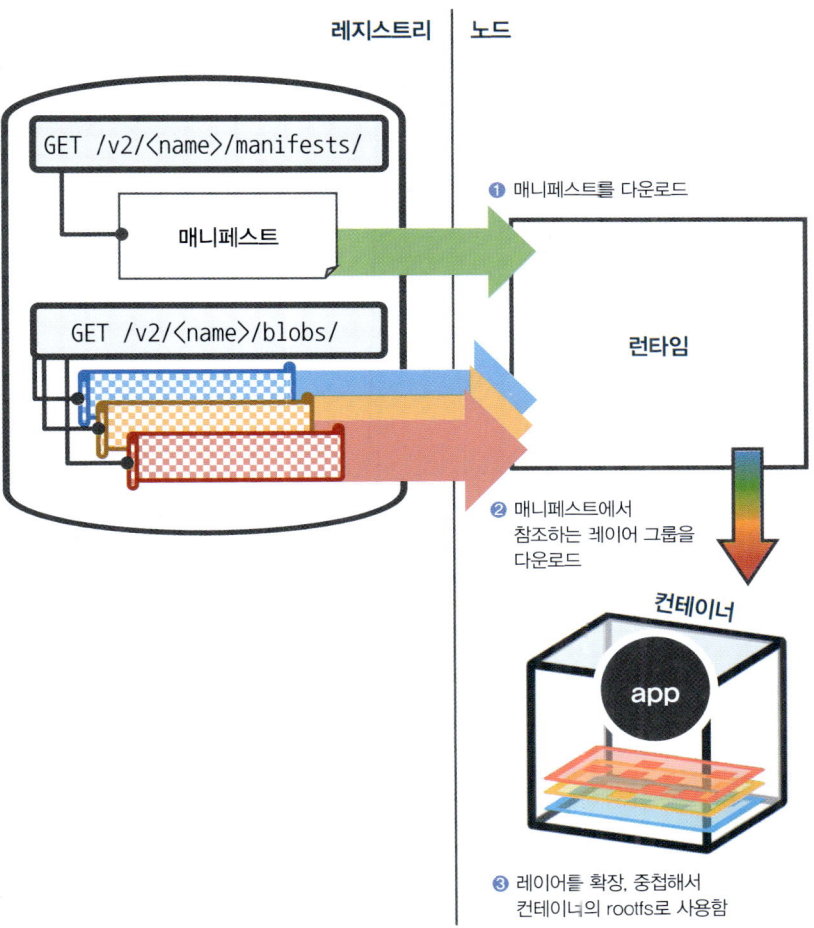

4.6 runc를 사용한 컨테이너 실행

컨테이너를 둘러싼 커뮤니티에서는 앞에서 설명한 정해진 규격에 따라 다양한 도구를 개발합니다. 이 절에서는 대표적인 예로 OCI가 만든 저수준 런타임 참조 구현 **runc**를 설명합니다. 리눅스 환경에서 도커와 쿠버네티스를 사용한다면 일반적으로 하위 레이어 런타임으로 runc를 사용해서 컨테이너를 작성하고 조작합니다. 결과적으로 대다수의 컨테이너 사용자는 자신도 모르게 runc를 사용하고 있는 셈입니다.

runc는 앞 절에서 설명한 OCI Runtime Specification을 준수하도록 개발됩니다. 자세하게는 그림 4-14처럼 runc 바이너리의 서브 명령어로 기능을 구현하고, 상위 도구에서는 runc를 서브 명령어와 함께 실행해서 컨테이너 작성 등의 컨테이너 관련 조작을 실시합니다. 이 절에서는 실제로 runc를 조작해보며 OCI Runtime Specification이 구체적으로 어떻게 구현되는지 보겠습니다. 이 절에서 실행하는 명령어 예시는 우분투 22.04(Linux 5.15.0-84-generic), 도커 24, runc 1.1.9에서 동작을 확인했습니다. 이 절에서 실행하는 대부분의 명령어는 루트(root) 권한으로 실행해야 하므로 주의하기 바랍니다.

▼ 그림 4-14 runc를 통한 컨테이너 조작

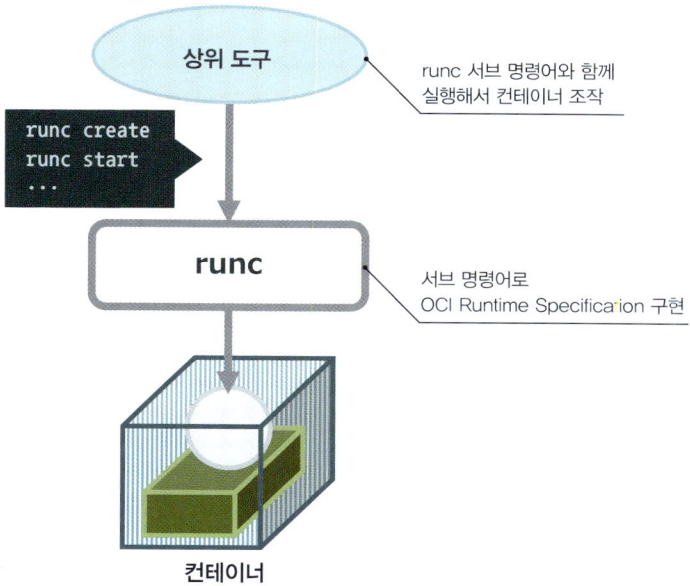

4.6.1 컨테이너 이미지를 가져오고 컨테이너 기반 작성

먼저 컨테이너를 작성하기 위한 기반, 즉 다음과 같은 파일시스템 번들을 준비합니다.

- 컨테이너 루트 파일시스템
- 컨테이너 실행 환경 설정 파일

사실 파일시스템 번들은 runc가 컨테이너를 작성하는 데 필요한 데이터를 저장하는 디렉터리입니다. 먼저 파일시스템 번들을 만들 디렉터리로 bundle을 작성합니다(예제 4-2).

예제 4-2 bundle 디렉터리 작성

```
# mkdir bundle
```

다음은 컨테이너 루트 파일시스템을 가져와서 bundle 디렉터리에 저장합니다 (예제 4-3). 원래는 2장에서 설명한 오버레이 파일시스템 등을 사용해서 실행하고 싶은 이미지에 포함된 레이어를 중첩하겠지만, 지금 예제에서는 간단히 설명하기 위해 docker export 명령어로 루트 파일시스템을 가져옵니다.

예제 4-3 bundle/rootfs에 루트 파일시스템을 구성하는 파일 저장

```
# mkdir bundle/rootfs
# docker pull alpine:3.18
# docker run --rm --name tmp -d alpine:3.18 sleep infinity
# docker export tmp | tar -xC bundle/rootfs
# ls bundle/rootfs
bin   etc   lib     mnt   proc   run    srv   tmp   var
dev   home  media   opt   root   sbin   sys   usr
```

이 시점에는 예제 4-3처럼 bundle/rootfs 내부에 컨테이너 루트 파일시스템으로 사용하는 파일들이 저장됩니다. 그리고 컨테이너 실행 환경 설정 파일도 가져옵니다. 예제 4-4처럼 runc의 spec 서브 명령어를 사용해서 runc에서 기본적인 설정이 기록된 설정 파일을 가져옵니다. 원래라면 컨테이너에 맞춰서 다양한 설정을 하겠지만 이 예제에서는 그대로 사용하겠습니다.

예제 4-4 runc의 spec 서브 명령어로 설정 파일 생성

```
# runc spec -b bundle
# cat bundle/config.json | jq
{
  "ociVersion": "1.0.2-dev",
  "process": {
    "terminal": true,
    "user": {
      "uid": 0,
      "gid": 0
    },
    컨테이너 실행 환경 관련 설정이 존재함
```

이것으로 파일시스템 번들이 준비가 끝났습니다. bundle 디렉터리를 보면 예제 4-5처럼 실행 환경 설정 파일과 루트 파일시스템이 저장되어 있습니다.

예제 4-5 bundle 디렉터리 내부 확인

```
# tree -L 1 bundle
bundle
├── config.json
└── rootfs

1 directory, 1 file
```

4.6.2 컨테이너 실행

작성한 파일시스템 번들로 실제로 컨테이너를 실행해봅시다. OCI 규격으로 정해진 컨테이너 작성과 실행은 각각 다음과 같은 서브 명령어로 구현합니다.

- 컨테이너를 작성하는 OCI의 create 조작: runc의 `create` 서브 명령어
- 컨테이너를 실행하는 OCI의 start 조작: runc의 `start` 서브 명령어

고수준 런타임이 runc를 조작할 때도 이런 서브 명령어를 사용합니다. 이 절에서는 create 조작과 start 조작을 하나로 묶은 기능으로 셸에서 컨테이너를 실행할 때 편리한 run 서브 명령어를 사용합니다.

예제 4-6은 run 서브 명령어를 사용해서 컨테이너를 실행하는 예입니다. -b 옵션으로 앞서 작성한 파일시스템 번들을 지정해서 내부에 저장된 환경 정의 파일(config.json)과 루트 파일시스템(rootfs 디렉터리)을 바탕으로 컨테이너를 작성합니다. 예제는 컨테이너에서 셸을 실행합니다. 이 셸에서 `ls` 명령어와 `ps` 명령어를 실행하면 호스트와 격리된 환경, 즉 컨테이너 내부라는 것을 확인할 수 있습니다.

예제 4-6 runc의 run 서브 명령어로 컨테이너 실행

```
# runc run -b bundle myalpine
/ # cat /etc/os-release
NAME="Alpine Linux"
ID=alpine
VERSION_ID=3.18.3
PRETTY_NAME="Alpine Linux v3.18"
HOME_URL="https://alpinelinux.org/"
BUG_REPORT_URL="https://gitlab.alpinelinux.org/alpine/aports/-/issues"
/ # ls
bin    etc    lib    mnt    proc   run    srv    tmp    var
dev    home   media  opt    root   sbin   sys    usr
/ # ps aux
PID   USER     TIME  COMMAND
    1 root     0:00 sh
    8 root     0:00 ps aux
```

4.6.3 컨테이너 정지와 삭제

OCI 표준 규격으로 정한 다음 조작도 runc의 서브 명령어로 구현합니다.

- 컨테이너를 정지하는 OCI의 kill 조작: runc의 `kill` 서브 명령어
- 컨테이너를 삭제하는 OCI의 delete 조작: runc의 `delete` 서브 명령어

이 절의 예제에서는 별도의 터미널에서 예제 4-7 명령어를 입력해서 컨테이너를 종료할 수 있습니다. 이렇게 runc는 OCI Runtime Specification에서 정의한 조작을 서브 명령어로 구현하고, `create`와 `start`를 조합한 `run` 서브 명령어 같은 추가 기능도 지원합니다.

예제 4-7 컨테이너 종료

```
# runc kill myalpine KILL
```

4.7 실행 환경 작성에 사용하는 기반 기술

지금부터는 컨테이너로 호스트와 격리한 실행 환경을 만들 때 사용하는 리눅스 기능 중에서 네임스페이스와 cgroup에 대해 설명하겠습니다.

4.7.1 네임스페이스

네임스페이스(namespace)[38]는 어떤 프로세스에서 조작할 수 있는 리소스를 다른 프로세스와 격리할 수 있는 기능입니다. 네임스페이스의 종류가 몇 가지 있는데, 다음처럼 서로 다른 리소스를 관리합니다. 컨테이너 작성은 일반적으로 네임스페이스 중에서 몇 가지를 조합해서 실행 환경을 작성합니다(그림 4-15).

- PID namespace: 프로세스 그룹 격리
- Mount namespace: 마운트 포인트 목록 격리
- Network namespace: 네트워크 관련 리소스 격리
- UTS namespace: 호스트명 등의 격리
- IPC namespace: 프로세스 간 통신에 관련된 리소스 격리
- User namespace: 사용자/그룹, 권한 등의 격리

---

[38] https://man7.org/linux/man-pages/man7/namespaces.7.html

▼ 그림 4-15 네임스페이스 조합으로 격리

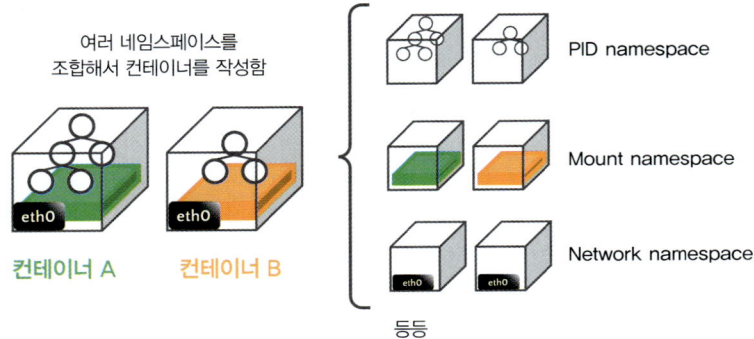

여기서는 예로 셸에서 네임스페이스를 조작하는 데 편리한 unshare 명령어를 사용해서 도커나 runc가 작성하는 컨테이너처럼 호스트와 격리된 실행 환경을 작성해보겠습니다. 예제 4-8이 실행 예시입니다.

예제 4-8 unshare 명령어로 네임스페이스를 작성하는 예

```
# unshare -fpmn chroot bundle/rootfs /bin/sh
/ # cat /etc/os-release
NAME="Alpine Linux"
ID=alpine
VERSION_ID=3.18.3
PRETTY_NAME="Alpine Linux v3.18"
HOME_URL="https://alpinelinux.org/"
BUG_REPORT_URL="https://gitlab.alpinelinux.org/alpine/aports/-/issues"
/ # ls
bin    etc    lib    mnt    proc   run    srv    tmp    var
dev    home   media  opt    root   sbin   sys    usr
```

이 절에서 소개한 명령어는 우분투 22.04(Linux 5.15.0-84-generic)에서 동작을 확인했습니다. 예제에서는 unshare 명령어 옵션을 사용해서 다음과 같은 세 종류의 네임스페이스를 작성합니다. 새롭게 작성한 네임스페이스 내부에서 루트 파일시스템 변경을 위해 chroot 명령어를 실행합니다.

- p: PID namespace
- m: Mount namespace
- n: Network namespace

네임스페이스 규격과 기타 관련 내용은 man 페이지를 참조하기 바랍니다. 예를 들어 User namespace는 도커에서 루트가 아닌 사용자가 컨테이너를 실행(루트리스 컨테이너라고 부릅니다)하는 기반 기술로 사용합니다.[39] 이후 절에서는 예제에서 사용한 각 네임스페이스의 개요를 설명합니다.

PID namespace

먼저 p 옵션으로 PID 네임스페이스를 작성하고, f 옵션으로 /bin/sh를 PID 네임스페이스에서 새로운 프로세스로 작성해서 실행했습니다. 이때 새로 작성한 네임스페이스에서 호스트 쪽에서 실행 중인 프로세스는 보이지 않고, 해당 네임스페이스 내부에서는 PID가 1부터 다시 부여됩니다.

실제로 작성한 네임스페이스에서 procfs를 마운트해서 실행 중인 프로세스 목록을 확인합시다(예제 4-9). 저의 호스트에는 수백 개가 넘는 프로세스가 작동 중이지만 새로 작성한 네임스페이스에서는 2개의 프로세스 밖에 없습니다. unshare 명령어 인수에 지정한 /bin/sh가 새로운 PID 네임스페이스에서 PID=1 프로세스로 실행됩니다.

예제 4-9 새로 작성한 네임스페이스에서 실행된 프로세스

```
/ # mount -t proc proc /proc
/ # ps -Ao pid,args
PID   COMMAND
    1 /bin/sh
    5 ps -Ao pid,args
```

[39] https://docs.docker.com/engine/security/rootless

또한 새로운 네임스페이스 안에서 작성한 프로세스는 네임스페이스에서 본 PID와 호스트의 네임스페이스에서 본 PID, 이렇게 적어도 2개의 PID가 부여됩니다. 작성한 네임스페이스에서 예제 4-10처럼 sleep 명령어를 실행하니 PID는 6이 되었는데 예제 4-11처럼 호스트 쪽에서 보면 PID는 3506으로 다른 번호가 부여되는 것을 알 수 있습니다.

예제 4-10 새로 작성한 네임스페이스에서 본 sleep 명령어 프로세스

```
/ # sleep 12345 &
/ # ps -Ao pid,args | grep "sleep 12345" | grep -v grep
    6 sleep 12345
PID는 6이 됨
```

예제 4-11 호스트 네임스페이스에서 본 sleep 명령어 프로세스

```
# ps -Ao pid,cmd | grep "sleep 12345" | grep -v grep
 3506 sleep 12345
PID가 3506이 됨
```

Mount namespace

m 옵션으로 마운트 네임스페이스를 작성했습니다. 이렇게 하면 새로운 네임스페이스에서 마운트 포인트 목록을 업데이트 작업, 즉 새로운 마운트 포인트를 마운트나 언마운트해도 해당 변경 내용은 호스트에서는 보이지 않습니다.

/proc에 마운트한 procfs는 해당 네임스페이스에 있는 셸 프로세스에서는 보이지만(예제 4-12) 호스트 쪽 셸 스크립트에서는 보이지 않습니다(예제 4-13). 이 절에서는 자세히 설명하지 않지만 네임스페이스끼리 마운트나 언마운트 이벤트를 공유할 수 있는 shared subtree 기능도 있습니다.

예제 4-12 새로 작성한 네임스페이스에는 procfs가 마운트됨

```
/ # cat /proc/$$/mounts | grep proc
proc /proc proc rw,relatime 0 0
```

예제 4-13 호스트에서는 마운트 포인트 추가가 보이지 않음

```
# cat /proc/$$/mounts | grep bundle/rootfs/proc
bundle 내부 마운트 포인트가 보이지 않음
# ls bundle/rootfs/proc/
디렉터리에 아무것도 없음
```

runc 등으로 컨테이너를 작성할 때 컨테이너용 마운트 네임스페이스에서 procfs뿐만 아니라 다양한 마운트 포인트를 조작합니다. 원래 프로세스의 루트 디렉터리("/")를 변경하는 작업은 이 예제에서는 chroot를 사용했는데, runc 는 pivot_root(2) 시스템 콜을 사용해서 네임스페이스의 루트 디렉터리("/") 마운트 포인트를 컨테이너 루트 파일시스템이 저장되는 디렉터리로 변경할 수 있습니다. 이때 해당 마운트 포인트 조작은 컨테이너의 마운트 네임스페이스에서 처리되므로, 루트 디렉터리의 마운트 포인트 변경은 시스템 전체에 영향을 주지 않습니다.

Network namespace

n 옵션으로 네트워크 네임스페이스를 작성했습니다. 이러면 네트워크 장치 등의 네트워크 관련 리소스가 호스트의 네임스페이스와 격리됩니다.

예제 4-14, 예제 4-15처럼 ip 명령어를 실행하면 호스트에서 사용 가능한 네트워크 장치도 새로 작성한 네임스페이스 내부에서 사용할 수 없는 것을 알 수 있습니다. 도커나 CNI 플러그인은 새로 작성된 네트워크 네임스페이스에 컨테이너가 통신할 수 있도록 네트워크 인터페이스를 작성합니다.

예제 4-14 새로 작성한 네임스페이스에서 ip 명령어 실행

```
/ # ip a
1: lo: <LOOPBACK> mtu 65536 qdisc noop state DOWN qlen 1000
    link/loopback 00:00:00:00:00:00 brd 00:00:00:00:00:00
```

예제 4-15 호스트에서 ip 명령어 실행

```
# ip a
1: lo: <LOOPBACK,UP,LOWER_UP> mtu 65536 qdisc noqueue state UNKNOWN
group default qlen 1000
    link/loopback 00:00:00:00:00:00 brd 00:00:00:00:00:00
    inet 127.0.0.1/8 scope host lo
       valid_lft forever preferred_lft forever
    inet6 ::1/128 scope host
       valid_lft forever preferred_lft forever
2: enp0s3: <BROADCAST,MULTICAST,UP,LOWER_UP> mtu 1500 qdisc fq_codel
state UP group default qlen 1000
호스트에서 사용 가능한 인터페이스가 표시됨
```

그리고 네트워크 네임스페이스 역할에 추상 유닉스 소켓 격리가 있습니다. 유닉스 소켓은 프로세스 간 통신 기능으로, 예를 들어 도커 CLI와 dockerd 간 통신에 파일시스템 경로 /run/docker.sock에 위치한 유닉스 소켓을 사용합니다. 유닉스 소켓은 파일시스템 경로에 대응하지 않아도 이름을 지정해서 생성할 수 있는데, 이를 추상 유닉스 소켓이라고 부릅니다.

경로에 대응하는 유닉스 소켓은 파일시스템으로 접근 관리(소유권 등)할 수 있지만, 추상 유닉스 소켓은 해당 기능이 없습니다. 이때 네트워크 네임스페이스로 호스트에서 프로세스 간 통신 등에 사용하는 추상 유닉스 소켓이 네임스페이스 내부에서 보이지 않도록 격리할 수 있습니다.

네트워크 네임스페이스를 활성화하지 않고 호스트의 추상 유닉스 소켓을 컨테이너에 노출함으로써 발생하는 취약점은 저의 동료(스다 아키히로)가 작성한 기사[40]가 있으므로 참조하기 바랍니다.

---

[40] [CVE-2020-15257] Don't use —net=host . Don't use spec.hostNetwork (https://medium.com/nttlabs/dont-use-host-network-namespace-f548aeeef575)

이 예제에서도 유닉스 소켓이 나열된 /proc/net/unix 파일을 실제로 읽어보면 호스트 추상 유닉스 소켓(예제 4-16)이 네트워크 네임스페이스 내부(예제 4-17)에서는 보이지 않는 것을 알 수 있습니다.[41]

예제 4-16 호스트의 추상 유닉스 소켓

```
# grep -ao '@.*' /proc/net/unix
@/org/kernel/linux/storage/multipathd
@ISCSIADM_ABSTRACT_NAMESPACE
```

예제 4-17 새로 작성한 네임스페이스에서 호스트 추상 유닉스 소켓은 보이지 않음

```
/ # grep -ao '@.*' /proc/net/unix
출력 없음
```

4.7.2 cgroup

cgroup[42]은 프로세스가 사용할 수 있는 리소스에 다음과 같은 다양한 설정을 하는 기능입니다.

- 디바이스 파일에 접근 권한
- 프로세스에서 사용할 수 있는 CPU 제한
- 프로세스가 사용할 수 있는 메모리 사용량 제한

설정 대상의 각 리소스는 **서브시스템**(subsystem) 또는 **리소스 컨트롤러**(resource controller 또는 단순히 컨트롤러)의 커널 컴포넌트로 관리되고 이러한 컨트롤러에 대한 설정은 **cgroup 파일시스템**을 통해서 이루어집니다.

---

41 /proc/net/unix 출력에서 추상 유닉스 소켓 이름은 @로 시작합니다(https://man7.org/linux/man-pages/man5/proc.5.html).

42 https://man7.org/linux/man-pages/man7/cgroups.7.html

cgroup에는 현재도 널리 사용되는 v1과 일부 배포판에서 사용하고 앞으로 주류가 될 v2, 이렇게 두 가지 버전이 있으므로 이 절에서 간단히 설명하겠습니다.

cgroup v1

cgroup v1은 컨트롤러마다 cgroup 파일시스템이 분리됩니다. 예를 들어 cgroup v1이 활성화된 우분투 20.04에서는 /sys/fs/cgroup 아래에 각자의 컨트롤러용 cgroupfs가 마운트됩니다(예제 4-18).

예제 4-18 cgroup 파일시스템(cgroup v1)

```
# ls /sys/fs/cgroup
blkio      cpu,cpuacct   freezer   net_cls          perf_event   systemd
cpu        cpuset        hugetlb   net_cls,net_prio pids         unified
cpuacct    devices       memory    net_prio         rdma
```

그림 4-16처럼 cgroup 파일시스템은 디렉터리를 따라 계층 구조로 되어 있고, 각 디렉터리가 하나의 cgroup으로 불리는 프로세스 집합을 나타냅니다.

프로세스는 이런 cgroup(디렉터리) 중 하나에 소속되고, 디렉터리별로 해당 디렉터리에 소속된 프로세스 그룹에 리소스 설정을 합니다. 어떤 cgroup에 대한 설정은 그 하위 cgroup에도 효과가 적용됩니다. 만약 리소스 사용 제한을 실시하면 계층 구조의 루트(뿌리)에서 노드(잎 끝)로 갈수록 제한이 강해지는 구조가 됩니다.

▼ 그림 4-16 cgroup v1 파일시스템

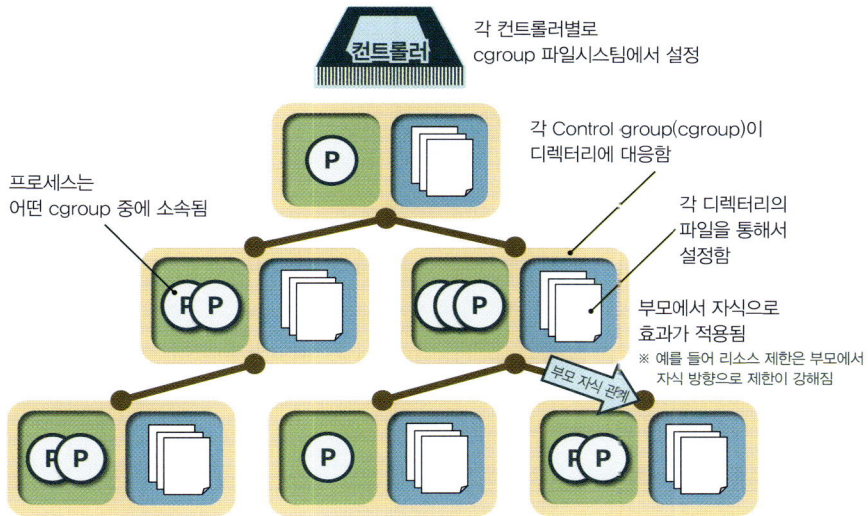

cgroup은 컨테이너 구현에도 사용하는데, 사용 방법 중 하나가 컨테이너에서 접근 가능한 디바이스를 제한하는 것입니다. 예제로 앞에서 unshare 명령어를 실행한 셸에서 디스크 디바이스 /dev/sda(블록 디바이스, 메이저 번호:마이너 번호=8:0)의 조작을 거부하도록 설정해봅시다.

이 절의 예제는 cgroup v1이 활성화된 우분투 20.04(Linux 5.4.0-163-generic)에서 동작을 확인했습니다. cgroup v2 환경(우분투 22.04 등)을 사용한 예제는 다음 절에서 설명합니다. 설정하기 전에는 예제 4-19처럼 /dev/sda를 덤프(예제는 첫 4바이트)할 수 있습니다.

예제 4-19 unshare로 작성한 실행 환경에서 /dev/sda 디바이스 읽기

```
/ # mknod /dev/sda b 8 0
/ # hexdump -n 4 /dev/sda
내용이 덤프됨
```

디바이스 접근 관련 설정은 devices 컨트롤러(/sys/fs/cgroup/devices)로 합니다. 예제 4-20처럼 먼저 루트 cgroup(root cgroup) 아래에 새로운 cgroup으로 unshare_demo 디렉터리를 생성하고 디렉터리 내부에 설정을 작성합니다. 이 시점에는 unshare_demo에 디바이스 접근 제한을 두지 않습니다. 루트 cgroup에는 디바이스 접근 제한이 설정되지 않았다고 가정합니다.

다음은 마찬가지로 예제 4-20처럼 cgroup 내부의 devices.deny 파일에 설정을 작성합니다. 이 파일은 해당하는 cgroup 내부에서 접근을 거부할 디바이스 관련 설정을 할 때 사용합니다. /dev/sda 조작을 거부하는 설정으로 devices.deny 파일에 b 8:0 rw(b=블록 디바이스, 8:0=메이저 번호:마이너 번호, rw=읽고 쓰기)를 설정합니다.

예제 4-20 호스트에서 cgroup 설정

```
# mkdir /sys/fs/cgroup/devices/unshare_demo 새로운 cgroup 작성
# echo "b 8:0 rw" > /sys/fs/cgroup/devices/unshare_demo/devices.deny
/dev/sda 읽고 쓰기 거부
# echo 4423 > /sys/fs/cgroup/devices/unshare_demo/cgroup.procs
셸 프로세스를 작성한 cgroup에 소속시킴
```

마지막으로 unshare로 작성한 실행 환경에서 실행 중인 셸(/bin/sh 예제에서는 PID=4423)을 이 cgroup에 소속시키기 위해 cgroup.procs 파일에 셸의 PID를 기록합니다. 셸에서 포크, 실행되는 프로세스도 동일한 cgroup 소속 설정을 이어받으므로 실행 명령어도 똑같은 제한을 받습니다.

이렇게 설정하면 예제 4-21처럼 unshare로 작성한 실행 환경 내부 셸에서 /dev/sda 덤프가 불가능해집니다.

예제 4-21 unshare로 작성한 실행 환경에서 /dev/sda를 읽을 수 없음

```
/ # hexdump -n 4 /dev/sda
hexdump: /dev/sda: Operation not permitted
```

도커를 통해 생성된 컨테이너도 devices 컨트롤러를 사용해서 제한을 걸 수 있습니다. 예제 4-22처럼 도커로 생성한 컨테이너에서 devices 컨트롤러(/sys/fs/cgroup/devices)를 살펴보면 디바이스 접근에 대해 설정되어 있는 것을 알 수 있습니다.

devices 컨트롤러에 대한 자세한 내용은 공식 문서를 참조하기 바랍니다.[43]

예제 4-22 컨테이너에 적용된 cgroup 설정 확인(cgroup v1)

```
$ docker run -it --rm busybox:1.31 /bin/sh
/ # echo $$        셸 프로세스가 PID=1로 실행 중
1
/ # cat /sys/fs/cgroup/devices/cgroup.procs  셸이 소속된 cgroup 디렉터리
1
6
/ # cat /sys/fs/cgroup/devices/devices.list  이 cgroup에서 접근 가능한 디
바이스 목록
b *:* m
c *:* m
c 1:3 rwm
c 1:5 rwm
c 1:7 rwm
c 1:8 rwm
c 1:9 rwm
c 5:0 rwm
c 5:1 rwm
c 5:2 rwm
c 10:200 rwm
c 136:* rwm
```

---

43 https://www.kernel.org/doc/Documentation/cgroup-v1/devices.txt

cgroup v2

예제에서 사용하는 우분투 22.04를 포함한 몇 가지 리눅스 배포판은 cgroup v2를 기본값으로 사용합니다. runc[44](v1.0.0-rc93 이후), 도커[45](20.10 이후), 쿠버네티스[46](1.25 이후)도 cgroup v2 환경에서 동작을 지원합니다.

v2에서도 리소스 설정은 디렉터리로 구성된 계층 구조 파일시스템으로 관리하고, 루트보다 노드 쪽 방향으로 갈수록 제한이 강해지는 구조입니다. 하지만 v1과 다르게 v2는 컨트롤러별로 파일시스템이 나뉘지 않고 그림 4-17처럼 시스템의 단일 cgroup 파일시스템에서 모든 컨트롤러의 설정을 수행합니다. 프로세스는 계층 구조에서 기본적으로 루트 또는 말단의 cgroup에 소속됩니다.

▼ 그림 4-17 cgroup v2 파일시스템

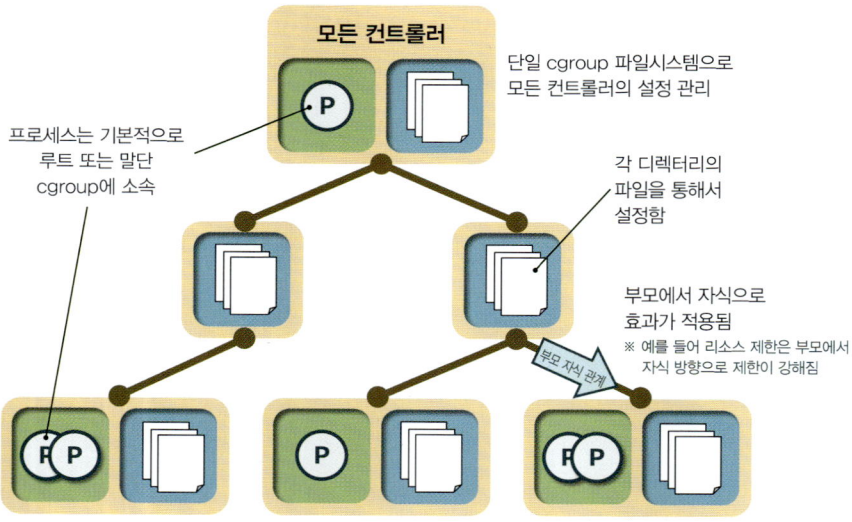

예를 들어 우분투 22.04에서 /sys/fs/cgroup 내부를 보면 하나의 디렉터리에 다양한 컨트롤러 설정 파일(cpu.*, io.*, memory.* 등)이 모여 있습니다(예제 4-23).

---

44 https://github.com/opencontainers/runc/blob/v1.1.9/docs/cgroup-v2.md
45 https://docs.docker.com/engine/release-notes/20.10
46 https://kubernetes.io/docs/concepts/architecture/cgroups

각 디렉터리의 cgroup.controllers 파일에 해당 cgroup에서 사용할 수 있는 컨트롤러가 표시됩니다. 자식 cgroup에서 사용할 수 있는 컨트롤러를 지정할 수 있어서 cgroup.subtree_control에 설정을 작성하면 자식 cgroup의 cgroup.controllers 내용을 변경할 수 있습니다.[47]

예제 4-23 cgroup 파일시스템(cgroup v2)

```
# ls /sys/fs/cgroup
cgroup.controllers          io.pressure
cgroup.max.depth            io.prio.class
cgroup.max.descendants      io.stat
cgroup.pressure             machine.slice
cgroup.procs                memory.numa_stat
cgroup.stat                 memory.pressure
cgroup.subtree_control      memory.reclaim
cgroup.threads              memory.stat
cpu.pressure                memory.zswap.writeback
cpuset.cpus.effective       misc.capacity
cpuset.cpus.isolated        misc.current
cpuset.mems.effective       proc-sys-fs-binfmt_misc.mount
cpu.stat                    sys-fs-fuse-connections.mount
cpu.stat.local              sys-kernel-config.mount
dev-hugepages.mount         sys-kernel-debug.mount
dev-mqueue.mount            sys-kernel-tracing.mount
init.scope                  system.slice
io.cost.model               user.slice
io.cost.qos
# cat /sys/fs/cgroup/cgroup.controllers        사용 가능한 컨트롤러
cpuset cpu io memory hugetlb pids rdma misc
# cat /sys/fs/cgroup/cgroup.subtree_control    자식 cgroup에서 사용 가능한
                                               컨트롤러
cpuset cpu io memory pids
```

cgroup v1은 유연한 설계 덕분에 각 컨트롤러 계층 구조가 독립적이고 프로세스가 중간 cgroup에 소속될 수 있었지만 v2는 전체 구조를 단순화했습니다.

---

47 자세히는 +pids -memory처럼 컨트롤러명을 스페이스로 구분해서 작성합니다. 접두사 +는 활성화, -는 무효화를 뜻합니다. 상세한 설정 방법은 man 등을 참조합니다(https://man7.org/linux/man-pages/mar7/cgroups.7.html).

이번에도 unshare 명령어로 격리 환경 내부에서 실행한 셸에서 디스크 디바이스 /dev/sda(블록 디바이스, 메이저 번호:마이너 번호=8:0) 조작을 거부하는 예를 보겠습니다. 우분투 22.04(Linux 5.15.0-84-generic)에서 동작을 확인했습니다.

v2 특징 중 하나로 디바이스 접근을 관리하는 디바이스 컨트롤러 조작은 v1의 devices.deny처럼 파일을 읽고 쓰는 방식 대신에 리눅스 eBPF[48] 기능을 사용해서 조작합니다. eBPF는 리눅스 커널의 프로그램 실행 환경으로, 프로그램을 커널 내부 eBPF용 실행 환경에 로드해서 실행하기 때문에 커널 동작을 다양한 형태로 변경하거나 확장할 수 있습니다. eBPF는 시스템 콜 트레이싱이나 네트워크 패킷 처리 등 다양한 용도로 사용합니다. cgroup v2 디바이스 제어도 그런 용도 중 하나입니다. 이 절에서는 eBPF를 자세히 다루지 않지만 더 자세히 알고 싶은 분은 커널 문서[49]를 참조하기 바랍니다.

이 절에서는 터미널에서 확인하기 좋은 예로 우분투 22.04를 포함한 리눅스 배포판에서 init 프로세스로 구동하는 systemd[50]를 사용한 예제를 살펴보겠습니다. 프로세스 그룹의 cgroup 설정에는 systemd가 제공하는 명령어를 사용합니다. 머신에서 cgroup 디렉터리 작성과 eBPF 프로그램 로드 같은 구체적인 cgroup 조작은 systemd를 통해서 이루어집니다.

먼저 디바이스 접근 설정을 하기 전에는 unshare로 만든 실행 환경 내부에서 /dev/sda 덤프(첫 4바이트)를 할 수 있습니다(예제 4-24).

예제 4-24 unshare로 작성한 실행 환경에서 /dev/sda 디바이스 읽기

```
/ # mknod /dev/sda b 8 0
/ # hexdump -n 4 /dev/sda
내용이 덤프됨
```

---

[48] https://ebpf.io
[49] https://docs.kernel.org/admin-guide/cgroup-v2.html#device-controller
[50] https://systemd.io

예제 4-25는 호스트에서 systemd-run 명령어[51]를 사용해서 unshare 명령어를 실행해서 실행 환경을 만듭니다. 그리고 작성한 실행 환경에서 셸 프로세스를 실행합니다. --scope 플래그로 systemd-run이 인수에 지정한 unshare 명령어를 동기적으로 실행합니다. unshare 프로세스와 거기에서 실행되는 셸 프로세스는 systemd로 새로 작성한 cgroup에 소속됩니다. /dev/sda 조작을 거부하는 설정은 -p 플래그로 DeviceAllow=/dev/sda m(/dev/sda=sda 디바이스 경로, m=디바이스 파일 작성만 허가하고 읽고 쓰기는 거부[52]) 설정(프로퍼티)을 systemd에 지정합니다.

셸에서 포크해서 실행된 프로세스도 동일한 cgroup 소속 설정을 이어받기 때문에 실행 명령어도 똑같은 제한을 받습니다. 예제 4-25와 같이 설정 후에 실제로 디바이스를 조작해보면 /dev/sda를 읽을 수 없습니다.

예제 4-25 systemd를 사용해서 cgroup을 작성하고 unshare 실행

```
# systemd-run -p "DeviceAllow=/dev/sda m" --unit=unshare_demo --scope
unshare -fpmn chroot bundle/rootfs /bin/sh
Running scope as unit: unshare_demo.scope
/ # mknod /dev/sda b 8 0
/ # hexdump -n 4 /dev/sda
hexdump: /dev/sda: Operation not permitted   /dev/sda 읽기가 거부됨
```

예제 4-26은 위 명령어 실행 출력에서 얻은 unshare_demo.scope를 사용해 cgroup 정보를 표시하는 systemd-cgls 명령어를 다른 터미널에서 실행합니다. 그러면 작성한 cgroup 디렉터리 장소를 알 수 있습니다.

이런 cgroup 디렉터리(예를 들어 /sys/fs/cgroup/system.slice/unshare_demo.scope/)를 살펴보면 소속 프로세스 목록이 표시되는 cgroup.procs 파일에 unshare와 실행 환경 내부에서 실행할 셸이 포함된 것을 알 수 있습니다.

---

[51] https://www.freedesktop.org/software/systemd/man/latest/systemd-run.html
[52] https://www.freedesktop.org/software/systemd/man/latest/systemd.resource-control.html#DeviceAllow=

예제 4-26 cgroup이 작성되었는지 확인

```
# systemd-cgls -u unshare_demo.scope
Unit unshare_demo.scope (/system.slice/unshare_demo.scope):
  ├─3640 /usr/bin/unshare -fpmn chroot bundle/rootfs /bin/sh
  └─3641 /bin/sh
# cat /sys/fs/cgroup/system.slice/unshare_demo.scope/cgroup.procs
```
unshare와 셸이 소속된 cgroup 디렉터리
```
3640
3641
# ps -o pid,args -p "3640 3641"
   PID COMMAND
  3640 /usr/bin/unshare -fpmn chroot bundle/rootfs /bin/sh
  3641 /bin/sh
```

도커는 v20.10 이후부터 cgroup v2 환경에서 컨테이너 실행을 지원합니다. 예제 4-27처럼 실제로 cgroup v2를 활성화한 환경에서 도커를 사용해서 컨테이너를 실행하면 cgroup을 확인할 수 있습니다.

예제 4-27 컨테이너에 적용된 cgroup 설정 확인(cgroup v2)

```
$ docker run -it --rm busybox:1.31 /bin/sh
/ # echo $$       셸 프로세스가 PID=1으로 실행됨
1
/ # cat /sys/fs/cgroup/cgroup.procs    셸이 소속된 cgroup
1
7
/ # ls /sys/fs/cgroup/
cgroup.controllers         hugetlb.1GB.events.local      memory.current
cgroup.events              hugetlb.1GB.max               memory.events
cgroup.freeze              hugetlb.1GB.numa_stat         memory.events.
local
cgroup.kill                hugetlb.1GB.rsvd.current      memory.high
cgroup.max.depth           hugetlb.1GB.rsvd.max          memory.low
cgroup.max.descendants     hugetlb.2MB.current           memory.max
cgroup.pressure            hugetlb.2MB.events            memory.min
cgroup.procs               hugetlb.2MB.events.local      memory.numa_stat
cgroup.stat                hugetlb.2MB.max               memory.oom.group
cgroup.subtree_control     hugetlb.2MB.numa_stat         memory.peak
cgroup.threads             hugetlb.2MB.rsvd.current      memory.pressure
```

cgroup.type	hugetlb.2MB.rsvd.max	memory.reclaim
cpu.idle	hugetlb.32MB.current	memory.stat
cpu.max	hugetlb.32MB.events	memory.swap.
cpu.max.current		
cpu.max.burst	hugetlb.32MB.events.local	memory.swap.
events		
cpu.pressure	hugetlb.32MB.max	memory.swap.high
cpu.stat	hugetlb.32MB.numa_stat	memory.swap.max
cpu.stat.local	hugetlb.32MB.rsvd.current	memory.swap.peak
cpu.uclamp.max	hugetlb.32MB.rsvd.max	memory.zswap.
current		
cpu.uclamp.min	hugetlb.64KB.current	memory.zswap.max
cpu.weight	hugetlb.64KB.events	memory.zswap.
writeback		
cpu.weight.nice	hugetlb.64KB.events.local	misc.current
cpuset.cpus	hugetlb.64KB.max	misc.events
cpuset.cpus.effective	hugetlb.64KB.numa_stat	misc.max
cpuset.cpus.exclusive	hugetlb.64KB.rsvd.current	pids.current
cpuset.cpus.exclusive.effective	hugetlb.64KB.rsvd.max	pids.events
cpuset.cpus.partition	io.max	pids.max
cpuset.mems	io.pressure	pids.peak
cpuset.mems.effective	io.prio.class	rdma.current
hugetlb.1GB.current	io.stat	rdma.max
hugetlb.1GB.events	io.weight	

cgroup v1과 v2 모두에 관련된 리눅스 기능으로, 프로세스에서 cgroup 계층 구조를 한정적인 범위로 보여주는 **cgroup namespace** 기능이 있습니다. cgroup v2는 nsdelegate 기능을 도입해서 cgroup namespace 내부 프로세스를 다른 cgroup에 이동할 수 없게 막거나, 설정 파일 쓰기를 제한하는 등 다양한 보호 기능을 추가했습니다. 이렇듯 cgroup v2는 비특권 사용자의 조작 관련 기능도 강화됐습니다.

지금까지 본 것처럼 컨테이너가 호스트와 격리된 실행 환경을 만들기 위해 커널이 제공하는 네임스페이스와 cgroup 같은 기능을 사용합니다.

4.8 정리

이 장에서는 도커와 쿠버네티스가 컨테이너를 작성하는 데 사용하는 컴포넌트인 **컨테이너 런타임**을 중심으로, 컨테이너를 만드는 데 사용하는 주변 기술과 컨테이너 표준 규격을 설명했습니다.

먼저 컨테이너 런타임의 두 가지 종류, **고수준 런타임**과 **저수준(OCI) 런타임** 개요를 살펴보고, 런타임이 어떻게 연계하는지 그 흐름을 설명했습니다.

또한 고수준 런타임과 저수준 런타임의 구체적인 구현 방식도 몇 가지를 소개했습니다.

후반부에서는 OCI가 정한 표준 규격 중에서 Runtime Specification, Image Specification, Distribution Specification를 중심으로, OCI 런타임 참조 구현인 runc에 대한 개요를 명령어 예제를 통해 알아봤습니다.

마지막으로 runc 등 리눅스에서 작동하는 OCI 런타임이 컨테이너 작성하는 데 사용하는 기반 기술인 네임스페이스와 cgroup 개요를 살펴봤습니다.

찾아보기

ㄱ~ㄷ

가상머신 025
고수준 런타임 176
구성 파일 197
네임스페이스 205
데몬셋 132
도커 데몬 093
도커 이미지 규격 075
도커파일 038
도커 CLI 018
동적 프로비저닝 147
디스크립터 196
디자인 패턴 114
디플로이먼트 107, 117

ㄹ~ㅁ

레이블 111
레지스트리 022
로드밸런서 서비스 158
롤링 업데이트 121
리포지터리 045
매니페스트 100
멀티 스테이지 빌드 066

ㅂ~ㅅ

바인드 마운트 049
베이스 이미지 061
볼륨 051, 141
빌드 038
빌드킷 070
서비스 153
셀렉터 115
셀프 힐링 117
스테이지 065
스테이트리스 102
스테이트풀 102
스테이트풀셋 125
스토리지 드라이버 085

스토리지 클래스 145
시크릿 138

ㅇ~ㅈ

애너테이션 115
오버레이 파일시스템 087
이식성 027
인그레스 160
일반 임시 볼륨 150
임시 볼륨 142, 149
잡 134
저수준 런타임 176

ㅋ

캐시 079
컨테이너 018
컨테이너 런타임 174
컨테이너 생명주기 194
컨테이너 이미지 020
컨텍스트 038
컨트롤러 105
컨트롤 플레인 107
컨피그맵 138
크론잡 134
클러스터 107

ㅌ~ㅎ

태그 045
파드 111
파드맨 181
파일시스템 번들 193
퍼시스턴트볼륨 142
퍼시스턴트볼륨클레임 143
헤드리스 서비스 156

B~C

Build 020
cgroup 211
cgroup namespace 221
cgroup v1 212
cgroup v2 216
Cloud Native Computing Foundation 030
CNCF 030
CNI 플러그인 167
ConfigMap 138
configuration 197
containerd 165, 183
Container Runtime Interface 165
Copy on Write 085
CoW 085
CRI 165
CRI 런타임 165
CRI-O 165, 185
CronJob 134

D

docker 018
docker build 040
docker compose 056
docker exec 043
Dockerfile 061
Docker Image Specification 075
docker push 047
docker run 042
docker volume 051

E~K

emptyDir 149
Filesystem bundle 193
gVisor 188
Ingress 160
Job 134
Kata Containers 190

kubectl 106
kubectl delete 119
kubelet 165
kube-proxy 167

M~O

Manifest 100
Mount namespace 208
namespace 205
Network namespace 209
NodePort 157
OCI 029
OCI 런타임 094, 175
OCI Distribution Specification 197
OCI Image Specification 195
OCI Runtime Specification 191
Open Container Initiative 029
overlay2 086

P

PersistentVolumeClaim 143
PID namespace 207
Podman 181
pull 037
push 037
PVC 143

R~V

Run 020
runc 187, 200
Secret 138
Sentry 188
Service 153
Ship 020
Storage Class 145
Volume 141